不勉強・不改變・無壓力——

社交I人也能自在説話

保持原本的個性就好，終結尬聊的90個技巧

苦手なまま会話術

山口拓朗 著

林姿呈 譯

你，就是你！認為自己「不善言辭」的先生小姐！

「你想克服不善交談的個性嗎？」

很想克服對不對？
你一定想，如果能好好與人交談，人生該有多輕鬆！

那我再問你一句……

「你想變得喜歡『與人交談』嗎？」

「你想成為一個能言善道的人嗎？」

（怎麼樣？實際上也不盡然對吧。）

（你只是想打破自己「不善交談」的障礙，
並沒有特別想成為一個會聊天，或喜歡與人交談的人，
對吧？）

「沒問題。
不擅長交談也無妨，
你一樣能輕鬆與人對話。」

作者序

寫給不擅長說話的你

「和人說話很痛苦。」

「我反應不夠機智，說話一點都不幽默。」

「老是當句點王，沉默得令人尷尬……。」

「如果可以，我不想與人交談。」

提起與人交談，總有說不完的煩惱。但是，我個人是這麼想的。

「不擅長交談，也沒什麼大不了。」

這就是我在書中唯一想傳達的訊息。

如果你已經打從心底想通「就算我不擅長與人說話也沒關係」，那麼，你維持現狀就好。現在立即闔上書，放回書架上也沒問題。

許多不擅長交談的人，時常會在自己身上貼上「不好」的標籤。努力精進，想提升談話技巧，卻絲毫不見改善。反而變得愈來愈痛苦……，甚至責備自己不知長進。

這世上，有人天生飛毛腿，有人天生慢如龜。有人揮筆栩栩如生，有人下筆則如鬼畫符。

然而，縱使跑不快，不擅長繪畫，也不會因此改變他為人的價值。

與人對話也是同樣道理。儘管你認為自己不擅長與人交談，也無損你的價值。是否擅長交談，就像是一種「個性」。

這沒有所謂的好壞之分，不過是你眾多迷人個性中的一部分。

話說回來，什麼是「交談」？交談，指的是對話雙方敞開心扉，互相交換意見與感受。

逼迫自己傳達想法或感受，反而無法忠實表達你想要傳達的意思。與人交談，最重要的是以真實的自我與對方互動。你不需要裝腔作勢，成為自己以外的任何人。實際上，停止逼迫自己逞強，反而是消除內心畏懼交談的第一步。

當然，我撰寫本書的目的，並不是只為了鼓勵這些不擅長交談的人。我希望藉此傳達一些觀念和技巧，協助不擅長交談的人們，能夠坦然接受自己的不擅長，並學會如何與他人順利且愉快地交流。

熟讀書中內容後，透過覺察與實踐，可以幫助你消除對交談的恐懼和焦慮，慢慢地也能摒除心理上的愧疚與自責。

你甚至會驚訝地發現，自己對「交談」這件事愈來愈有信心。

有些人說不定還會察覺「原來自己並非不擅長交談」，甚至可能會在與他人對話或心靈交流的過程中找到樂趣。

更甚者，有些人可能會透過對話，喚醒內在潛能，或是遇見全新的人生機運。

不擅長交談，也能愉快溝通

實不相瞞，其實我原本也很不喜歡與人交談，實際經歷過這些痛苦與無助。遙想我當年還是雜誌記者的那段期間（尤其是二十多歲時），每次與人見面都很鬱悶，就連與朋友聊天或聚餐，我也是不喜歡，甚至不太願意。

我以前也經常大量閱讀有關「說話技巧」方面的書籍，但說實話感受不到什麼成效，每天都覺得跟人說話好痛苦。

直到某天，我有點半放棄的決定豁出去「我不想再努力與人交談了」，從此情況反而開始出現轉機。

心情上我感覺更自在，與人說話時的壓力也大幅減輕了許多。

當我決定不再勉強自己，反而更能傾聽對方的聲音，也比以前更能輕鬆傳達自己的想法和感受。

過了一段時間後，我得出一個肯定的結論。

「即使不擅長交談，也沒什麼大不了。」

從此以後，我就在「自己就是不擅長交談」的自我認同下四處採訪，並累積超過三千人以上的訪談對象。當然，在採訪過程中，我幾乎沒有感到任何壓力，反而時常意外地發現「原來與人交談這麼簡單」。

因為不再強迫自己「努力與人交談」，所以我變得可以輕鬆愉快地和許多人交換意見和感受。

此外，因為我不再費心努力開口說話，也比以前更能享受和親朋好友聚餐、餐會與閒聊。

現在，我透過研習和研討會等方式傳授「不擅長交談也能輕鬆溝通」的心態與心法，學員也已超過三千人。

在本書中，我會與你分享縱使不擅長交談，還是可以根據不同場合，與對方（或當下在場人士）愉快溝通的技巧。

本書的基本原則是「不擅長交談，也沒問題」，沒有任何要求，也無須付出努力。

而且就算不努力，你還是能確實地將自己的話傳達出去，對方也能輕鬆理解話中含意。

同時，你還能透過心靈上的交流，與對方建立穩固且深厚的信任關係。儘管你沒有做任何改變，卻不斷進化。這些都是你即將感受到的神奇體驗。

你現在是否眉頭深鎖，滿頭問號？請放心。本書並不是那種教人如何鍛鍊溝通技巧，艱澀難啃的指南書。本書是一本希望能幫助你接受自己不擅長交談的個性，展現「真實自我」，讓自己發光發熱的自我成長書籍。

請儘管面帶微笑，輕鬆愉快地翻閱下去吧。

山口拓朗

目次

Part 1

改變想法，就能消除「我不擅長說話」的認知

Part

2

跟任何人都能聊，23個對話情境大公開

Part
3

不論哪一種「對話」情境，都能幫自己加分

Part 1

改變想法，就能消除「我不擅長說話」的認知

雖說不擅長交談也無所謂，
但心中有「不擅長的想法」，
總是會綁手綁腳，
還是摒棄會比較好吧？

這種『不擅長的想法』
大多是一種錯覺或錯誤認知，
也許透過一點小技巧
就能消除。

你是否總是在對話中尋找「正確答案」，
而迷失了方向？

不如先回歸真實自我。
做自己，
就是正確答案。

Tips

01

口條不好
▼
說話不需要很厲害

有些人是「說不出話來」，有些人則是「邊想邊說」。這兩者之間沒有所謂好壞之分，不過是個性上的差異。

與人交談本來就沒有正確的模式。只要能與對方溝通，就是正確方法。

有件事想先請自認「不擅長交談」的人銘記在心，那就是「不需要追求完美的對話」。重要的不是追求完美，而是設法「用自己最舒服且有效」的方式，與對方溝通。每個人的個性皆不盡相同，你可能是「需要時間安靜思考，慢慢回話的人」，也可能是那種「一邊說話，一邊整理思緒的人」。無論哪種個性，都沒有所謂的好壞之分。當然，有時我們必須「有意願」配合對方的步調，但這並不表示要「壓抑自己的個性」。相反地，**在談話中「如何展現真實自我」，才是最重要的關鍵**。

此外，認為自己「不擅長交談」的人，往往會覺得「口條不好，代表自己能力很差」，但其實這是個天大的誤解。就算笨口拙舌，還是能透過對話與他人建立良好的關係。人與人之間的交談除了說話技巧，還是有許多可以發揮的地方，比如「面帶微笑」、「專注聆聽對方說話」、「多說正向的語句」、「適時回應」等等。

說到底，**「對話」並不存在所謂的「正確答案」**。「說話方式」也不過是對話中的一小部分。唯有察覺這個事實，你才有機會朝對話邁出成功的第一步。

Tips

02

在意別人怎麼看自己

▼

只需專注「做自己」就好

不要總是想著「對方怎麼看我」或「會不會被人討厭」。這些想法會讓人迷失自我，覺得交談是一種義務。

即使在工作場合，還是可以展現真實自我。坦率地展現自己的興趣和感受，是發現對話樂趣的關鍵。

人們會覺得自己不擅長交談，其中一個原因是因為他們壓抑了「真實的自我」。在交談時，如果總是在意「對方的想法」，思考「怎麼說話才不會被討厭」，這種種的不安會讓人失去自我，把對話當成一種義務。然而，照道理來說，與人交談在本質上應該是展現自我的大好機會。與其在意別人的看法，先設法讓自己「享受交談」才是重點。

例如，當你率真地談論興趣或喜好時，你的熱情和高亢的情緒會自然而然地傳遞給對方。這種時候，絕不可刻意偽裝或故作姿態。相反地，敞開心房，分享自己的想法和感受，你自然會感受到與人對話的樂趣。

所以就某種程度來說，一個人會認為自己不擅長交談，可說是因為他認為「不應該展露真實的自己」。在這種壓抑自我想法和感受的狀態下，不可能有辦法享受對話的樂趣。打個比方，這就像明明已經去現場觀賞喜劇表演，卻強迫自己「不准笑」，刻意抹煞情緒反應一樣。在這種狀態下，根本無法享受表演的趣味。

對於不擅長交談的人來說，**自然地享受與人交談，是重拾真實自我最重要的一大步。**當真正的自我開始綻放光芒，對話就不再是義務，而是日常生活中的一大樂事。

Tips

03

個性原本
就不善溝通

▼

交談是一種技能，
人人都能學會

不需要強迫自己消除「不擅長交談」的感受。就算不擅長，還是可以學會這門技術。

你只需想通一點——與人交談是一門技術，按部就班地學會每個技巧就好。

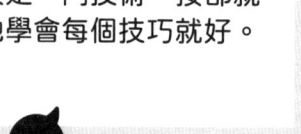

與人交談，沒有唯一的正確方法。儘管理智上明白這個道理，內心「不擅長交談」的感覺依舊揮之不去，而且想必這才是你最真實的想法。我非常了解這種感受，但其實沒有必要強行消除心中這種「自認不擅長交談的想法」。

不過，我還是希望你能建立一個觀念：**與人交談不是「天賦」，而是一種「技能」（skill）**。雖然一個人無法靠後天努力習得天賦，但任何人都能透過不斷練習和演練來提升技能。

就如我在頁二五所說的，「對話」其實可以拆解成許多不同的構成要素。透過慢慢磨練各種技巧，你與人交談的方式一定會出現變化。當然，最重要的是保持你的「真實自我」。

再次重申，你不需要試著抹去自己「不擅長交談」的感受，維持你原本最真實的感受是沒有任何問題的。舉例來說，在「嘴角上揚」的技巧中，你不需要帶入開心的情緒，只要讓嘴角實際上揚即可。

如果平時不常微笑，可能需要一些時間練習，才能讓僵硬的臉部肌肉適應，但那終歸只是肌肉的問題。只要老老實實的練習技巧，與人交談的痛苦想法一定會慢慢淡去。

Tips

04

不善交談，
如何在社會生存？

▼

溝通能力與
自我價值無關

只要做自己就好。珍惜所擁有的知識、情感、過往經驗和獨特性，並為此感到驕傲。

成為自己最強大的支持者，給予自我最大的肯定。不要成為嚴苛的「雙標仔」，即只在意他人的眼光和社會評價，對自我卻嚴厲批判。

許多不擅長交談的人會化身成「雙標仔」（雙重標準），不分青紅皂白的自我譴責「不善交際是自己能力差」，所以才會如此難過，痛苦萬分。

當你接受「我就是我，做自己就好」時，交談將不再是件令人痛苦的事。

重要的是「愛自己」。愛自己，意味著接納自己的獨特性，並引以為傲。不論是過去的經歷和體驗，還是知識與情感，這些全部都是成就你的重要寶物。你不該扮演苛刻的雙標仔，批判自己的獨特性，而是應該為此感到自豪。

當你學會愛自己，內心對自我揭露的障礙也會大幅降低，你會更願意談論自己的興趣、特長、想法和價值觀。當你愈願意表達自我，與人交談的內容自然也就愈豐富。不要過度在意別人對你的看法或社會評價，你唯一該做的，是察覺「過度在意他人的眼光與社會評價，就是一種雙標仔的習性」。

當你譴責自己時，對方能察覺你內心的負面能量，並試圖避開與你交流對話。你沒有必要再為莫須有的罪名自責。當你願意放過自己，擺脫這些莫須有的罪名時，你就能用最真實的自己，開啟屬於你的對話。

Tips

05

不懂如何建立對話的框架

▼

總之先試著模仿別人

如果仔細觀察身邊擅長交談的人，一定可以從中吸取各種「值得模仿的重點」，例如說話的詞彙、內容、語調和節奏等等。

總之不要想太多，先照著模仿，日後情緒就會慢慢跟上。

我們從小就是透過觀察父母和身邊其他成年人的說話方式，來學習會話基礎。換句話說，我們一直都在「模仿」他人，這個原則在我們成年後也依舊不變。**你要做的就是多觀察那些能言善道的人，並試著模仿他們。**

不妨仔細觀察擅長交談的人。透過觀察他們的「談話內容」、「音量和語調」、「表情與眼神」、「肢體語言」、「說話節奏」、「應對方式」等細節，就能找出值得學習的「模仿重點」。

舉例來說，當你發現某人談話有趣且引人入勝時，不妨仔細觀察他的言行舉止。他的表情如何？談論哪些話題？當別人在說話時，他又是如何回應？此外，他常用的詞彙、應答時的語氣、肢體語言等等，也都是觀察重點。建議盡可能將這些「模仿重點」記錄在筆記本或手帳上，以免遺忘。

模仿時，不需要勉強改變自己的情緒。例如，在應對時，一開始可以先呆板地模仿別人的回應，像是「喔~」、「嗯嗯」、「原來是這樣！」。雖然剛開始你可能會覺得彆扭，但（神奇的是）當你持續模仿，慢慢地開始帶入自己的情緒。這是一種「外在行為的改變，帶動情緒上的變化」反應，就讓自己順著這個流程慢慢適應吧！

Tips

06

無法在人前從容自若

▼

無須刻意表現，只須展現真實自我

與人交談時「從容自若」，意思並不是要你表現出聰明或帥氣的模樣，而是能夠「坦然展現真實的自己」。

首先，要用「肯定自我」的態度，來深入了解自己，而不是與他人做比較。請把「不完美就是完整的自己」這句話，當作自我勉勵的護身符。

有些不擅長交談的人會因為無法在眾人面前表現自在，而對自己感到失望。其實，他們大多誤會了「從容」的意思。與人對話時的「從容」，並不是指刻意表現出聰明或帥氣的模樣，而是能夠坦然展現「真實的自己」。

要「坦然展現真實的自己」，就必須先了解自己。這包括了解自己的優點、缺點、喜好和價值觀。這種自我了解可以建立自信，奠定基石，讓我們在任何情況下都能保持真實自我。在深入了解自己的過程中，重要的是肯定真實的自己，不與他人做比較，也不評價自我的好壞。

看到自己身上的缺點時，不妨將「不完美就是完整的自己」這句話當作護身符。這世上沒有人是完美無缺的。所謂的優缺點，不過是一個人的個性與特質罷了。從你接受這個想法的那一刻起，你就能夠從容地表達自己的想法和感受。**當你能夠坦率地展現真實自我時，在對話中就不會再被其他人事物所左右。**

如果你覺得自己會被外界影響，那表示你還沒有完全接受自己的不完美。這時不妨提醒自己：「不完美就是最完整的自己。」相信你就會慢慢冷靜下來。

Tips

07

容易對他人產生恐懼或戒心

▼

形式上的也無妨，總之先試著尊重對方

當然，要尊重一個人並不容易，所以不妨先試著扮演「尊重對方」的角色。

當你開始尊重對方，你會神奇地發現，心中那份焦慮或恐懼逐漸減輕，對方也會因而敞開心扉。

與人交談時，最重要的莫過於尊重對方。尊重，意味著重視且敬重對方，是與人建立彼此信任關係的基石。我非常理解「要打從心底尊重一個人並不容易」。但是，對交談感到不自在的你來說，尊重他人的心意，其實也是守護你的救星。當你開始尊重他人，你會神奇地發現心中的焦慮和恐懼逐漸淡去。「尊重」，無非就是一種「信任」。透過信任對方，你會自然而然地產生「對方應該會接納真實的我」的想法。

最重要的是，尊重可以讓對方打開心扉，讓對方感覺跟眼前這個人「好像可以無話不談」、「可以進行有建設性的對話」、「可以聊得愉快」。**如果你實在無法產生敬意，不妨試著「扮演」一個尊重對方的演員，假裝自己被賦予了這樣的角色。**這就像運動或表演藝術，在人際關係中，從「形式上」切入，也是很有效的方法。

即使是演戲，當你抱持著尊重他人的態度，從那一瞬間起，你就會萌生與對方享受談話的渴望。

你手中的劇本，每頁都寫著「尊重對方」的註解，當你按照劇本演出時，相信你會驚訝地發現，自己竟然能如此輕易地融入在與人對話的情境之中。

Tips

08

容易面無表情

▼

笑容和語氣
比內容更重要

特別是與人初次會面時，微笑和開朗的語氣能有效降低彼此的心防。透過練習，一定能做到。

微笑時，不需要勉強自己感到開心。只要設法做出微笑的表情，讓嘴角上揚，眼眉下彎即可。

人是天生充滿警戒的生物。與人初次會面，互相問候的當下，雙方的戒心通常都在最高點，而「微笑」是降低戒心最有效的方法。當你面帶笑容時，有助於讓對方逐步放下戒備，對你產生安全感。這是因為人們看到笑容時，會下意識地做出判斷，認為「眼前這個人應該不是敵人」。

微笑是一種技巧，可以透過練習來改善。如果覺得自己不擅長微笑，不妨先從增加微笑的次數開始練習。照鏡子的時候，不妨多對著鏡中的自己微笑。平日經常活動臉部肌肉，就會漸漸習慣微笑的感覺。

微笑時，不必勉強自己感到開心。重要的是活動肌肉，也就是刻意做出微笑的表情，勾起嘴角，並設法讓眼眉下彎。剛開始你可能會覺得很不自然，但久而久之就會慢慢習慣。神奇的是，做出微笑的表情，心情也會跟著變好。人不只會因為開心而微笑，透過微笑，也能讓人感到開心。

另外，**在打招呼時，稍微提高語氣，說出「很高興認識你」或「你好」**。開朗的語氣就和微笑一樣，能給對方留下正面的印象，化解雙方之間的緊張，也有助於順利展開對話。

Tips

09

每次交談總是船過水無痕？

▼

提高內容含金量，讓對方想再次見到你

談話時，展現笑容、專心聆聽，或點頭表示肯定，這些都是很棒的禮物。不需要想得太過複雜。

與對方分享有用的訊息，表示你關注他，對他感興趣。相信對方也會因此對你產生好感。

會讓其他人主動想再次與你見面，通常都是會在對話中贈與對方「禮物」的人。最理想的「禮物」，是對方「想要的東西」。

- 對熱愛美食的人↓分享有用的美食資訊（禮物）。
- 對注重時尚的人↓稱讚對方的穿搭品味（禮物）。
- 對有慢性腰痛的人↓教對方一些舒緩腰痛的伸展方法（禮物）。
- 對深愛孩子的人↓認真聆聽對方分享孩子的故事（禮物）。

沒有人會討厭送禮給自己的人，尤其當他送的禮物切中自己的喜好時。能夠送出合適的禮物，表示你對他們充滿了興趣與關心，對方會因此感受到「備受重視」而開心。在交談之中贈送禮物，對送禮者來說也是一種喜悅。因為透過贈與，可以滿足內心對他人貢獻的渴望。

要注意的是，不要一味挑選自己想送的禮物。這種只顧自己方便的禮物，有時會讓對方覺得「被迫接受」或「多管閒事」。

即使不知道對方想要什麼，也不需要著急。以微笑應對，用心聆聽，適時點頭或應和等，做出肯定的反應，也都是很好的禮物。不妨在贈送這些小禮物的同時，試著慢慢找出對方真正的願望和需求。

Tips

10

不善言辭，無法清楚表達
▼
「懂傾聽」其實更重要

一個人說話再流暢，如果只是一味的講個不停，也稱不上「能言善道」。

善於交談的人，大多也都善於傾聽。就讓我們一起實踐幾個簡單的要點吧！

一個只顧著自己說話的人，稱不上「能言善道」。**真正的說話高手，具備「擅長傾聽」的能力，也就是願意傾聽對方說話。**

善於傾聽的人，會在聆聽的過程中不斷吸收各種訊息，包括對方的價值觀、立場、思維、性格等等。透過確認和理解這些訊息，有助於讓溝通變得更順暢。

以下是傾聽高手都會付諸實踐的重點：

- 注視著對方，專注聆聽。
- 聆聽時，不插嘴、不否定對方的觀點。
- 在適當時機提問或給予回應。
- 用微笑或點頭等非語言符號給予正向回應，釋放自己深感興趣的訊號。
- 不忘保持尊重對方的態度，設法建立信任關係。

傾聽，指的是尊重對方的意見和感受，珍重對待，並表達同理的態度。隨著傾聽能力的提升，傾聽者所接收到的訊息品質和數量也會有所增加。所以反過來看，這會讓人變得更容易利用這些訊息來加深對話的深度。善於傾聽的人會在與人不斷溝通的過程中，自然而然地成長為一個能言善道的人。

Tips

11

不太會開玩笑

▼

用無傷大雅的自嘲，化解緊張情緒

談論自己時，不太需要顧及別人的感受，即便如此也不太會冒犯到對方。

不妨用一些幽默的自嘲方式來談論自己的失敗或缺點，如此有助於卸下對方的心防。

與人對話時帶點幽默感，可以有效緩和緊張氣氛，讓彼此更容易放鬆。如果你覺得說話幽默的難度太高，不妨試試「無傷大雅的自嘲」。

「公司的銷售額增加了，我的加班時間也跟著拉長了，哈哈。」

「我的廚藝可是相當不錯的，我還幫烤焦的吐司取了『焦黑蒜香吐司』的美名，理直氣壯地端給家人吃呢，呵呵。」

「我可是時間管理大師，畢竟就算落後我也能掌握進度，哈哈哈。」

在構思無傷大雅的自嘲哏時，重點在於善用對比與反差，比如「銷售額 vs. 加班」、「廚藝精湛 vs. 暗黑料理」、「時間管理大師 vs. 進度落後」等等。平時不妨多留意生活中的對比或反差，累積靈感。自嘲時，記得面帶微笑，用若無其事的輕鬆態度表達。

此外，避免用攻擊對方的弱點或嘲笑他人的方式來開玩笑。例如，「我叫一郎，人如其名，大學重考了一年，哈哈哈。」（譯注：日文中「一浪」表示重考一年，發音與人名「一郎」同音）本人自己這樣說，還稱得上是「無傷大雅的自嘲」，但關係疏遠的人拿他的名字開玩笑說：「一郎先生重考一年，難道是名字的威力？」實屬不當，很可能會傷害或惹怒對方。

Tips

12

不同意對方的觀點怎麼辦？

▼

儘管不認同，仍可同理對方

「認同」並不等於「同意」。即使不同意對方的談話內容，還是能夠認同對方的想法。

人們喜歡認同自己的人。不妨試著「先認同，接著稱讚對方」，透過這樣的過程，拉近彼此的心。

尊重對方所重視的事物，是人際關係的基礎。人們往往最重視自己，所以我們應該珍重地對待對方（也就是他本人）。透過「先認同，然後讚美」的方式與人接觸，你會驚訝地發現，竟能如此迅速地拉近彼此的距離。

重視對方的第一步，就是「認同」。唯有認同對方的想法、感受和價值觀，他才有可能敞開心房。如果你覺得「認同他人」很困難，或許是因為你把「認同」誤認為是「同意」。「認同」並不等於「同意」。即使你不同意對方的想法，仍然可以認同「對方擁有那種想法」的事實。不評論對方想法的好壞，帶著開放的心胸接納「原來你是這樣想的」，會讓對方願意敞開心扉。要注意的是，不要隨意批評對方。用「可是」、「不過」等言詞，隨意插嘴打斷對方說話，是最糟糕的行為。**記得先表達你的認同，再傳達自己的想法和意見。**

同樣地，「讚美」和「認同」一樣也能有效炒熱對話場面。稱讚對方的魅力、優點、配戴物件、習慣或個性等，可以突顯對方的亮點，讓他更進一步卸下心防。要稱讚一個人，你必須對他感到好奇，並且仔細觀察。建議從平時開始，訓練自己養成習慣，尋找他人的魅力與優點。

Tips

13

被誤以為在自我吹噓，怎麼辦？

▼

用「謙遜」的態度來表達自豪的成就

當你想要自我吹噓一番時，最好先打個預告。在結尾附上感謝的語句，可以讓人留下謙虛的印象。

較難自我肯定的人，往往更喜歡炫耀自己。提高自我肯定感最好的方法，是接受「真實的自己」。

「自我吹噓要適可而止」，是與人交談的基本原則。如果長篇大論都在自吹自擂，只會讓對方感到無聊。**總是忍不住自誇的人，其背後往往隱藏著自我肯定感低落的問題。**他們認為不老王賣瓜一番，會得不到其他人的認同。對他們來說，最好的解藥是「接納真實的自己」。當一個人能夠肯定自己時，就不再需要尋求他人的認同。

如果你真的很想自我誇耀一番，不妨先淡定地預告：「我可以說說自己最近的成就嗎？」這種有自知之明要自誇的態度，有時反而會讓對方更願意傾聽。不過，記住不要說太久。講完後迅速結束話題，免得讓人留下不好的印象。

另一種方法是用「謙遜」的態度，來表達「自豪」的成就。例如，「我的成功都要歸功於家人的支持」、「多虧某某的幫忙，我才能順利簽下這筆合約」等，最後用滿懷感恩的心意分享成就，可以讓人留下謙遜的印象。當你想要誇耀自己時，不妨先想想是否有（除自己以外的）其他人事物促成了此番成就。透過謙遜的態度表達感謝，不僅更容易獲得他人的信任，也有助於迅速提高對自己的肯定。

Tips

14

忍不住反駁對方

▼

先認同對方，再提出反駁意見

我們應該尊重自己，也尊重他人。「保持沉默」不是尊重自己的表現；「咄咄逼人」則是不夠尊重對方。

反駁他人意見時，只要不弄錯「先接納，再反駁」的順序，通常就不會冒犯到對方。因為這會展示出你尊重對方意見的態度。

假設對方偏好A方案，你則力推B方案。這時，不擅長交談的人通常會有兩種反應。一種是保持沉默，不表達任何反駁的意見；另一種是直接反駁，並試圖辯倒對方。這兩種都稱不上是健康的溝通方式；前者是沒有珍惜自己，後者是不尊重對方。在這種情況下，我們要注意的是同時珍重自己和對方。

高明的反駁並不會傷害「對方的感受」，因為善於反駁的人，不會比較自己和對方意見的優劣，而且態度上永遠尊重對方的意見。例如：「原來小林先生支持A方案。確實，A方案能滿足既有客戶的需求。在重視客戶需求的前提下，A方案或許最合適。〔以上內容是認同對方的意見〕不過，如果以拓展新客源為主要目標，我們就不容忽視B方案的優勢。而且B方案還有其他附加價值，例如有助於服務的推廣，可謂一舉兩得。〔後半段則為反駁〕」

「先認同對方的觀點，再提出反駁的意見」，這種方式能讓對方更容易接納相反的意見。如果對方感受到你的尊重，也更容易對你產生信任，認為「或許能和眼前這個人（也就是你）進行更具建設性的討論」。當你擺脫「沉默不語」或「咄咄逼人」的模式，溝通能力想必也會更上一層樓。

Tips

15

總覺得說愈多，
愈自曝其短

▼

展現弱點及失敗，
反而能拉近距離

不經意向對方展示弱點，
其實是一種「我信任你」
的表現。

隱藏弱點和失敗，只會讓
自己更痛苦。況且，談論
弱點或失敗，實際上幾乎
沒有什麼壞處。

凡人皆有弱點，也都歷經過失敗。分享自己的弱點或失敗，更容易與對方產生共鳴，建立信任關係。

「老實說，上次和A公司合作的專案不太順利。」

「我經常忘東忘西……，常常把雨傘或手機遺忘在店裡。」

「要比熱情，我一定比別人多好幾倍，但就是不太擅長做長期規劃……。」

這並不是建議你分享一些會讓對方傻眼的重大缺失或失敗經驗，而且也沒有必要為了分享這類話題，硬是打斷談話的流暢性。只不過，如果在談話的過程中，自然接觸到這類話題時，不刻意隱瞞的態度，反而更容易讓人留下真誠的印象。

不擅長交談的人往往會試圖隱藏真實的自己，但這樣只會活得更辛苦。因為在與人對話時，還得東遮西掩，免得洩底。然而，談論弱點或失敗，實際上幾乎不會帶來什麼壞處。相反地，當你誠實以告，對方甚至可能會伸出援手，比如主動提議「我會處理長期規劃的部分，你儘管放心」。「分享弱點」其實是一種「信任對方」的表現。當你開始對他人產生信任感，不論是對人的恐懼，還是對談話的抗拒，相信也一定會隨之減輕。

Tips

16

與話多的人溝通好痛苦

▼

不讓對方占用自己的時間

許多時候，當事人並未察覺自己正單方面的一直說。不妨稍微鼓起勇氣，大膽提議「轉換話題」。

如果對方一開口就停不下來，不妨運用一些技巧轉換話題，比如提問、適度回應對方並將話鋒引導回主題，或是明確表達時間有限和此次目的。

這世上總有人喜歡自說自話，也有人完全不顧對方的感受，滔滔不絕說個不停。當然，在對話中誠心傾聽是很重要的一件事，但如果你覺得對話變成「單向發言」，對方完全忽略自己的感受時，就必須採取適當的應對措施。其中一種應對方法就是「用提問來改變話題」。

例如：「您那天過得很充實呢！話說回來，上次那件事後來有什麼進度嗎？」

此外，適度回應對方的談話內容，巧妙地轉換話題，也是很有效的方法。

「聽你這麼一說，我突然想到，日本的御宅文化在全世界似乎引起很大的話題。」

如果有重要的議題，不妨明確表達「時間有限和此次的目的」。

「由於我必須在下午三點以前離開，是否能先討論某某的細節。」在與長篇大論的人（也就是占用你時間的人）溝通時，不需要過度壓抑自己。你的時間寶貴，**你有權利適當管理對話的流程**。然而，也別忘了保持尊重對方的態度。在大多數情況下，當事人甚至沒有發現自己正單向說話。請鼓起勇氣提出建議：「時候也不早了，我們可以開始討論某某議題了嗎？」

Tips

17

說的話提不起
對方的興趣

▼

分享能引起共鳴的故事

說故事不需要天分。只要掌握從「負面事件」→歷經「轉折」→得到「正向結果」的基本架構，就能輕鬆編故事。

準備幾個可以重複利用的經典故事，會更方便。

故事總是有吸引人心的力量。你可能會覺得「說故事好難，我做不到」，但其實創作故事並不需要什麼特殊才能。說故事的基本架構就是從「負面事件」→歷經「轉折」→得到「正向結果」。也可以換個說法，用「變化前→轉折→變化後」來表達。

經常有人問我：「山口先生，您從以前文筆就這麼好嗎？」這時，我通常會分享以下的故事。

「其實我當初剛畢業進出版社工作時，文筆很差，經常被前輩挑毛病（負面）。但也多虧前輩耐心指導，像老師一樣用紅筆幫我一一點出問題所在（轉折），我的寫作才逐漸改進，不過進步得很慢就是了（正面）。」

如此一來，**只需要描述負面到正面的變化，就能誕生一個小故事**。故事並不是一個「點」，而是一條「線」，沿著這條線描繪過程，就能輕鬆地讓對方在腦海中浮現影像。除了能引起他人共鳴，也更容易讓人留下深刻的印象和記憶。

當然，也可以反過來描述。例如：「早上精神還很振奮（正面），但去客戶公司拜訪，卻沒有拿到合約（轉折），到了傍晚整個人變得相當失落（負面）。」建議你不妨多準備幾個可以重複使用的故事模型。

Tips

18

與對方合不來怎麼辦？

▼

用「研究對方」的角度來看待

「感覺和某人合不來」是很自然的感受，不需對此產生特別的想法或情緒。

不自責，也不責怪對方。當你感覺「不合」時，就當作是成長的機會，恭喜自己很幸運！

當你在談話中感覺到「和眼前的人合不來」時，重要的是不要否認自己的感受。每個人的價值觀和感受各不相同。有些人合得來，有些人則無法，這都是正常情況。既然正常，就不需要對此抱持特別的情緒，也不需要評判好壞，只要在內心淡定地接受「我們只是個性上不合罷了」。

我們應該要避免的是責怪自己「竟然產生與人合不來的想法」。你完全不需要為此感到自責。「一種米養百樣人嘛！」當你能用輕鬆的態度帶過，人生經驗就會增加一分。這「一分」，就好比累積「對人類理解程度」的經驗值，累積愈多的點數，做人就會愈有深度，待人也會更加寬宏大度。

當然，千萬不要因為與他人合不來，就明顯擺出嫌惡的態度。**不妨試著用「發現外星人！讓我來好好研究」的心情來看待，你會發現負面情緒減輕許多。**把對方當作一個有趣的研究對象，探究「他的價值觀跟我很不一樣，真好奇他的成長背景」，或是「他有哪些喜好或興趣」等問題，你的人生經驗又會再添加一分。當你在交談中覺得和對方合不來時，不妨試著開啟「研究外星人」的開關，轉換自己的心情吧！

Tips

19

不知如何和
心情不好的人打交道

▼

不需對他人的
情緒負責

關心他人固然重要，但你不需要為別人的情緒負責。更何況，沒有人能為他人的情緒負責。

比起對方的情緒，重要的是先照顧自己的感受，然後用平常心對待，或是透過傾聽及同理的態度與對方互動。

當你發現對方心情不好、臉色不悅，讓你覺得需要小心應對時，該如何是好呢？既然是雙向溝通，就應該要關心對方，但你不需要為對方的情緒負責。說穿了，沒有人能為他人的情緒負責。你要預防的是避免受對方情緒影響，讓自己變得不知所措或內心受挫，反而得不償失。

不論對方的情緒如何，你都應該用平常心對待他們。過度小心翼翼，反而會強化對方（當下）的情緒。反之，當你保持平時的自己，對方的情緒也會不自覺地慢慢朝「平時待你的態度」方向調整。通常隨著時間流逝，就會逐漸恢復原本的狀態。

當然，「不需要為對方的情緒負責」，這句話的意思並不是建議你完全忽略對方的感受。縱使決定「不受對方情緒影響」，保持傾聽的態度仍然十分重要。例如，假設對方無精打采地表示「今天工作好累」，不妨試著回應「工作辛苦了」來表達你的關心。你願意傾聽和展現同理的態度，或許能幫助對方釋放壓力。**對方的情緒屬於他自己，你的情緒則屬於你。**記住這個原則，別自亂方寸。

Tips

20

忍不住說
別人壞話
▼
口出惡言
也會傷到自己

脫口說出的惡言惡語，也有可能成為反刺自己的利刃。說壞話只會帶來短暫的快感，無法持久。

重點是要懂得轉換心態，「我有理，對方也有理」。如果對方口出惡言，不用接話，把自己當成絕緣體，避開就好。

這聽起來或許令人匪夷所思，但其實在口出惡言時，也會傷害到自己。當一個人對別人惡言相向時，他處在一種自我防衛的狀態，認為「自己是對的，對方是錯的」。同時，心中往往充滿了憤怒。

儘管口出惡言會令人感到痛快，但這種快感不會持續太久。因為對人惡言相向，就像是對著心中的「憤怒情緒」火上加油，只會讓怒火愈燒愈旺，給自己帶來更大的負面壓力。此外，口出惡言的人總是提心吊膽，害怕「自己不在場時，別人也在說自己的壞話」。如果長期處於這種狀態，很容易失去對人的信任，甚至影響心理健康。

停止對人惡言相向，也是一種治療「自殘習慣」的方法。當我們停止自我攻擊，就能進入一個「我對，別人也對」，沒有勝負之心，平心靜氣且安全的心境。如果對方開始說別人的壞話，不要應聲附和，把自己當「絕緣體」，讓那些惡言惡語隨風飄散。假設對方喋喋不休，不妨試著轉移話題，或暫時離開現場（例如去洗手間）。你有權優先保護自己。

Tips

21

見人就緊張

▼

三招技巧，解決煩惱

你必須了解一個大前提：「緊張」並不是「壞事」。就算緊張，只要能順利交談，就沒有問題。

善用以下三招來舒緩緊張：❶事先準備談話議題；❷深呼吸來降低加快的心跳；❸接受眞實的自己。

如果你「見人就緊張」，有件事我希望你能謹記在心。緊張是人類的自然反應；緊張，並不代表無法順利與人對話。

面對緊張，第一個方法就是「做準備」。例如，假設你接受朋友邀請參加聚會，卻又不知道該如何與素未謀面的人互動……。這時不妨事先準備一些自我介紹時可談論的主題，比如工作、興趣、家人等等，這些都是初次見面時經常會聊到的內容。事先整理這些話題，有助於讓自己更輕鬆地融入對話。

第二個方法是「深呼吸」。人一緊張，呼吸就容易變急促而淺短。深呼吸可以幫助我們舒緩加速的心跳，達到放鬆效果。如果你在聚會開始前覺得莫名緊張，不妨試著深吸一口氣，然後慢慢吐氣。重複幾次後，你會發現心跳慢慢減緩，緊張情緒也會自然地緩和下來。

第三個方法是「接納自己」。緊張通常是源於「希望展現最完美的自己」，當你感到緊張時，不妨下定決心「做自己就好」。當你下定決心接受真實自我的那一瞬間，你會發現內心的緊張開始消退，更願意相信在場的人們「即使自己不擅長交談，大家也一定會接受我」。

Tips

22

總覺得自己說話枯燥乏味

▼

善用狀聲詞，帶動氣氛

透過「在腦海中浮現畫面」，可以幫助我們更生動地傳達訊息，但別因此破壞對話的自然與流暢。

不妨用「狀聲詞」為對話添加色彩，可以更清楚地表達情緒和感受。試著用文字把腦海中自然浮現的「聲音」描述出來。

「狀聲詞」（onomatopoeia）是讓對話變得更生動的方法之一。在日文中，狀聲詞可分為用文字描摹聲音的「擬聲詞」，以及用聲音來形容狀態、心情、情境等無聲事物的「擬態詞」。**運用狀聲詞，不僅能讓聽者更容易理解訊息，還能營造出猶如身歷其境的臨場感。**（編按：中文也常使用狀聲詞，讓對話更生動，讀者可自行使用適合的詞語。）例如，比起「我第一次負責專案，非常期待」的說法，改成「我第一次負責專案，興奮到心臟噗通噗通跳，都快要跳出來了」，更能傳達出「內心充滿期待」的情感。「我的肚子在咕嚕叫」比「我餓了」聽起來更幽默，容易讓聽者感同身受（也更容易與對方拉近距離）。在日常對話中不經意地加入狀聲詞，可以更生動地表達你的情感和感受。像是「我把訊息濃縮再濃縮，整理成精華版」、「聽你這麼說，讓我覺得心暖呼呼的」、「就讓我們使出全力衝刺吧」、「我的心痛到快碎掉了」、「我會一步步繼續努力的」——這些都能讓對話變得更生動活潑。

當然，別因為使用狀聲詞而讓對話變得不自然。重要的是，當你在表達自己的感受或描述情境時，留意腦中自然浮現的「聲音」。重點就在用具體的形象來描繪這些聲音。在你的腦海中，浮現了什麼聲音呢？試著細心捕捉這些聲音吧！

Tips

23

就是擺脫不了「不擅長」的感覺

▼

睡前與自己對話就可改善

不妨在睡前寫日記，將當天發生的事仔細寫在筆記本中。透過了解自己的情緒、想法和行為，可以加深自我覺察。

寫下的筆記，可以作為聊天時的靈感來源。

深入了解自己，是消除自認「不擅長交談」的方法之一。

為了深入了解自己，必須確保獨處的時間，和自己對話。不妨安排一段時間面對自我，比如**在一天結束後，睡前撥出十分鐘面對自己**。在這段時間內，將今天發生的大小事情詳細寫在筆記本上，這就是自我對話。

「今天做了哪些事？」「今天有什麼新的發現或學習？」「今天體驗到了哪些情緒？」「今天有什麼值得感謝的事？」「今天發生了什麼好事？」「今天有沒有發生什麼不好的事？」——透過持續自我對話，你可以更清楚地認識自己的情緒、思維和行為的模式。於是，慢慢地你就能更了解自己，進而培養出自信。

當你對自己的了解愈深，在交談中不僅能更流暢地回應對方的問題，還能主動提供話題。因為你過去寫在筆記裡的種種紀錄，實際上都是聊天的素材。這些素材可以用各種形式靈活呈現。例如，假設有人表示「最近總覺得疲倦……」時，你可以順勢分享自己近期熱衷的活動（例如在洗澡時按摩頸部）。

如此一來，透過持續自我對話，不僅能增進對自我的了解和自信，還能準備聊天素材。這個方法一舉數得，何不現在就開始嘗試呢？

Tips

24

每個人愛聽的話
都不太一樣

▼

原因在於「男性腦」與「女性腦」的差異

自己聽了覺得開心的話語，不見得適用於其他人。每個人的價值觀不同，會產生共鳴或感動的言詞也不盡相同。

所謂的「男性腦」通常喜歡獲得他人肯定，「女性腦」則喜歡被愛。了解這兩者的差異，有助於讓人際關係變得更輕鬆。

常聽聞「男性腦」和「女性腦」的差異（這只是在一般情況下，兩性看待事物時常見的思維特性）。簡單來說，**「男性腦」渴望被肯定，「女性腦」渴望被愛。**稍微了解其中的差異，與人對話時的遣辭用句，就更能更精準地因人調整。

喜歡被肯定的「男性腦」，通常很重視自己的努力和成果能獲得他人的認同與評價。例如：「山田先生是這次專案的最大功臣。不論是管理或領導能力都令人折服！」這種具體肯定工作表現的稱讚，對身為男性的山田先生來說，聽了就是通體舒暢。

另一方面，最喜歡「被愛」的「女性腦」，可以在溝通中從「與他人連結的感受」中得到喜悅。例如：「多虧佐藤小姐一起集思廣益，團隊才能齊心協力。下次還請多多幫忙。」對身為女性的佐藤小姐來說，這些話語讓她感受到自己的協助很重要，聽得心花怒放，十分滿足。重點在於話語中所塑造出來的形象。

此外，假設有人找你商量，如果對方是「男性腦」，直接提供解決方案會更切中對方的心意；但如果對方是「女性腦」，展現你能了解對方煩惱的同理心，比任何事都來得重要。如果你不擅長交談，遵循這種「大腦特性差異的指引」來應對，相信會有所幫助。

Tips

25

說話太誠實
反而傷人

▼

視情況使用
權宜之計

「說謊」和「權宜」看似相似，卻是截然不同的兩個概念。不需要對「為了維護人際關係所付出的心意」，產生罪惡感。

「太過誠實」有時也可能成為罪過。請記住，「權宜」有時也是一種溫柔。

你是否曾經意外出口傷人，儘管沒有惡意？「明明我只是實話實說……，為什麼會這樣？」有些人可能因此感到困惑，自此對與人交談心生厭煩，甚至感到恐懼。

遇到這種情況，我建議的解決方案是善用「權宜手段」。例如，假設你認為朋友穿的衣服顏色或設計不太適合他，如果你誠實以告「你穿那樣有點奇怪」，說不定會傷害到朋友（這取決於你們之間的信任關係）。這時，你可以婉轉地表達：「這件衣服真有特色，感覺不太好駕馭。」這種說法既能表達你對朋友的尊重，也能傳達自己的感想。

在人際關係中，口無遮攔地有話直說，不見得是最好的做法。在某些情況下，適當使用「權宜手段」，以免傷害對方的感受，反而更為重要。交談中的「權宜手段」，是指考慮到對方的感受或立場，選擇最恰當的詞彙，目的是「避免破壞人際關係」。這與說謊是截然不同的情況。換句話說，這是為了和對方建立良好關係，展現有效的「溫柔」手段。因此，你完全不需要為自己採用「權宜手段」而感到絲毫愧疚。自認「不擅長說謊，所以不適合與人交談」的朋友，我反而強烈推薦你善用以和為貴的「權宜」手段作為溝通利器。

Tips

26

在團體中說話，壓力好大

▼

在感受到壓力之前，主動發言

在多人參與的交流當中，總之先設法在開場時主動發言。僅僅如此，就能讓你放鬆心情，更自在地進入聊天狀況。

事先準備一些輕鬆的話題，再透過「提供話題→反應回饋」的方式，讓交談持續下去。

在多人參與的交流中，如果只當聽眾，時間一長，就容易產生「我好像還沒開口說話」的壓力。為了舒緩這種緊張感，建議採取先發制人的策略。例如，不妨試著在會議一開始，立刻簡單闡述意見，比如「我覺得某某方法很有效率」。率先發言，可以讓心情更輕鬆。**建議多準備幾個任何人都能參與的話題，這樣一來就能隨時率先主動出擊**。例如：「睡前一小時我會盡量不看手機，避免破壞睡眠品質。各位呢？在睡眠方面有什麼特別注意的地方嗎？」藉由分享自己的想法和經驗，拋出話題，更容易自然地帶動討論。而且，畢竟是根據自己的經驗和興趣衍生出來的話題，所以如果有人提問，你也能從容應對。

當你拋出的話題獲得眾人熱烈討論，接下來的重點就是當個用心的聽眾，仔細聆聽其他人的分享，順著內容提出問題或感想，就不容易被排擠在對話之外。例如，假設有人分享了某個方法，你可以試著回應：「哇，好有趣的方法。可以請你再說得仔細一點嗎？」這樣既能展現你對對方的關注，也能自然地融入對話之中。即使你錯失良機，未能先主動提供話題也不必驚慌。只要內心做好準備，靜待當下的談話告一段落，再拋出自己準備的話題，相信你一定能沉著應對。

Tips

27

容易受對方的情緒影響

▼

不讓別人的感受掌控自己

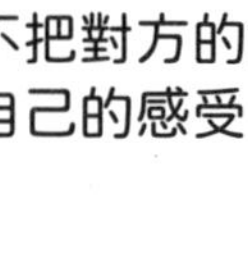

堅守情緒的主導權，不被對方牽著鼻子走。

明確區分對方與自己情緒上的界線，不把對方的負面情緒視為自己的感受。

有些不擅長交談的人，因為「共感力」太過強烈，容易被對方的情緒牽著鼻子走。例如，假設對方害怕某件事，你因為感同身受，把「對方的負面情緒」（也就是恐懼）錯當是自己的感受，結果遭莫名的恐懼所支配。

這裡的關鍵是，你必須明確區分對方的感受和自己的感受。**儘管我們應該設身處地為對方著想，但也不能拱手讓出自己的情緒掌控。**例如，在工作的商談會議中，即使對方看起來一副戰戰兢兢的模樣，你也沒有必要跟著緊張。你必須保護自己的情緒不受他人影響。

當你察覺自己好像有點受到對方的情緒影響時，建議先深呼吸，然後坦率地表達自己的想法和感受。這可以幫助原本可能陷入迷亂或失控的情緒，恢復中立，自然就能回復平靜。

日常對話也是同樣的道理。例如，當你在和朋友聊天時，脫口說出平時不會說的惡言惡語，這或許是受朋友口出惡言的影響。這時，不妨利用「先深呼吸↓然後坦率地表達自己的想法和感受」的方法，切斷你們之間情緒波動的感染。對他人展現同理心，與拱手讓出情緒的掌控權，是截然不同的兩回事。

Tips

28

在「大咖」面前
容易緊張

▼

另眼相待
才是緊張的源頭

你的緊張其實來自於你對人「另眼相看」的心態。別忘了，一個人即使地位崇高或聲名遠播，也和你一樣都是人。

請先審視自己如何對待「普通人」。

當你在和一些「大咖」說話時，是否會特別緊張呢？說來令人意外，其實這個原因，說不定是因為你待人時內心潛藏著所謂的「差別待遇」。

例如，與公司主管或業內名人談話時，很容易將他們視為「特別的人」。這種「另眼相看」的心態，其實就是緊張的源頭。**因為當你把他們視為「厲害人物」時，會將自己定位在相對「普通」或「不如他們」的位階。**

為了緩解這種緊張，你需要牢記一個事實，那就是「對方和自己一樣都是人」。即使對方地位崇高，功績顯赫，他們回到家中也是過著普通生活，與家人共度時光，假日享受嗜好或休閒活動，有著許多大大小小的煩惱和憂愁。

最後，容我多說幾句略顯不中聽的話。一個人會對所謂的「偉大人物」感到緊張，很有可能他也同時看不起其他絕大多數的「普通人」。換句話說，他已經自然而然地習慣用高低之分的眼光看人。有這種心態的人，可能會（在無意識中）用傲慢或冷漠的態度，對待那些被他歸類為平庸之人。要消除這種帶有偏見的心態，最有效的方法就是尊重所有「普通人」。如果能改變對「普通人」的態度，相信在面對「厲害人物」時，緊張的情緒也會逐漸減少。

Tips

29

自認說話很無聊，沒人在聽

▼

積極點頭示意，就不會這樣想

我們的思維，其實是由無數的「種子」（也就是信念）所構成。不擅長交談的人，往往會擅自在心中埋下對交談的恐懼和焦慮的種子。

只要積極點頭示意，就像重新播下「種子」，瞬間改變現狀。

有個非常有效的方法，可以解除這種心理障礙。不論交談是一對一，還是一對多的情境，都應該專心聆聽對方說話，並積極地點頭回應。一個人如果積極點頭給予回應，會逐漸在心中養成「別人會仔細聽我說話」的思維，因為他自己就是一個「認真聽人說話」的實踐者。

所謂的思維，其實不論好壞，都是由「種子」，也就是信念所構成。透過實踐「認真聆聽他人說話」的行為，會在實踐者的心中播下「別人會認真聽我說話」的種子。擁有這顆種子的人，不會對交談產生恐懼或不安。換句話說，他們總是能夠在信任對方的狀態下與人交談。

另一方面，如果一個人始終抱著「不積極點頭回應」的態度，那麼在他心中就會形成「人們並不會認真聽講」的種子。當他帶著這顆種子與人交談，就會不斷疑神疑鬼地懷疑別人「根本沒在聽自己說話」。

這個道理，也同樣可以套用在「認為自己說話很無聊」的人身上。他們很可能一直都是用「他說的話真無趣」的心態在聽別人說話。想要改變現況，就必須重新播種心中的種子。當你開始認真傾聽別人的話語，並帶著「興味盎然」的態度聆聽（也就是重新播種）時，相信實際狀況一定會開始產生一百八十度的轉變。

Tips

30

總覺得對方討厭自己

▼

沒有眼神接觸不代表對方討厭你

縱使對方不和你眼神交會，也不用太在意。因為這個原因出在他身上，不是你的問題。

通常只要持續待人友善，就不會被對方討厭。既然雙方都不太擅長交談，不妨放慢腳步，與對方慢慢建立關係。

假設你和某人初次見面或只說過幾句話，對方在聊天時總是避開你的眼神。這時，你是否曾經想過「感覺跟這個人處不來……」呢？

但是，他討厭你的可能性，其實非常低。**一個人不與人對視，絕大多數可能是因為他感到「害怕」、「不安」或「害羞」**。也就是說，他不是「不願意看你」，而是「不敢看你」。

所以，即使你覺得和沒有眼神交會的人很難聊，也請不要太急躁，試著以開放的心胸接納對方，用充滿溫暖善意的眼光，默默地在心中鼓勵他「你不用害怕，我其實跟你一樣，也不擅長與人交談」。當你在內心伸出援手，你所釋出的善意，會一點一滴地融化對方心中的緊張和戒備。

你應該做的是，避免過度在意對方說話時不看你這件事。如果你開始胡思亂想「他是不是討厭我？」就很容易鑽牛角尖。即使對方不和你對視或話很少，責任也不在你身上。相反地，對方很可能只是因為太想和你做朋友而過度緊張也說不定。重要的不是對方是什麼樣的狀態，而是你自己的心態。只要你保持平靜，持續釋出待人應有的敬重與善意，就不會被人討厭。

Tips

31

對方反應冷淡，令人備感挫折

▼

不是你的課題，就不必在意

不要被對方的反應牽著鼻子走，只需坦率地專注在自己想說的內容。

保持適當距離，不過度介入對方的課題。

通常，愈不擅長交談的人，愈容易過度在意對方的反應。尤其，如果對方看起來很無聊，當事人往往會責備自己口拙或毫無魅力。

在這種情況下，學習阿德勒心理學中「課題分離」的思維，會很有幫助。阿德勒心理學強調「區分課題」的重要性，也就是確實區分自己的課題和他人的課題。就算對方在談話時看起來很無聊，那也幾乎不可能會是你的課題。對方是否享受與人交談，是他自己的課題。因此，你沒有必要過度敏感地在意對方的反應，更不可責怪自己。不需要被對方的反應牽著鼻子走，只需專注在自己想說的內容。

當然，觀察對方的反應，靈活地適時調整談話內容也很重要。如果對方看上去不感興趣，建議不著痕跡地換成其他話題。這時，不需要自我否定，認為自己說的話或表達方式有問題，只需內心明白「對方對這個話題沒興趣」，淡然地接受事實，接著談論下一個話題即可。**愈不擅長交談的人，愈容易將對方的課題誤以為是自己的課題，然後擅自扛起責任**。但其實，只要把自己從對方的課題中抽離，你在談話時的壓力自然會減少，就能放鬆地享受與人交談的樂趣。如果下次與人交談，你心中又冒出自責的想法時，不妨先自問：「那真的是我的課題嗎？」

Tips

32

總是不自覺地道歉

▼

改掉隨口道歉和同意他人的口頭禪

不自覺用「不好意思」道歉，或是「你說得對」來同意他人的觀點，反而會失去對方的信任。

「待人處事要謙讓有禮。」這種價值觀真的正確嗎？

奉勸各位不要不自覺地隨意濫用「不好意思」和「你說得對」這兩句話，這會讓對方覺得你是個「毫無主見」、「不懂得思考」的人。「不好意思」其實帶有道歉的含義在。例如，假設別人指出資料上有錯字，與其道歉或找藉口「不好意思，我檢查得不夠仔細……」，不如向對方致謝，並立刻提出改善方案，比如「謝謝你的指正，我馬上修改」，反而更能讓對方留下良好印象，認為你很有責任感。**重要的是不要盲目道歉，應該根據實際情況，判斷是否真的需要道歉，謹慎應對。**

「你說得對」是在同意對方的意見時使用的詞句。然而，如果你明明不同意（或不想同意），卻說出這句話，就等於在對自己說謊。如果你不同意對方的意見，不妨用婉轉的方式表達：「你的觀點很有趣，不過我個人看法不太一樣，如此這般……」，這樣就更容易進行有建設性的意見交流。

你會覺得與人交談很困難，或許是因為內心存在一種偏頗的價值觀，認為「待人要謙虛退讓」或是「應該要多遷就別人」。但請試想，這種價值觀是否真的有必要？這世上總有人愛占便宜，瞧不起那些擺低姿態、謙遜退讓的人。如果你不想受到無理的對待，趁這個機會，捨棄這種偏頗的價值觀吧！

Part 2

跟任何人都能聊，23 個對話情境大公開

真正來到對話現場，
能否順利與人交談，
這才是關鍵。

「在不同場合，
人們談話的目的各不相同。
即使口才不好，
只要能達成自己的目的，
這就夠了。」

仔細想想，
對話分成許多不同的場合與類型。

「建議先單純地熟記
每種場合應有的交談模式和
注意事項。」

Tips

33

與朋友或同事閒聊

不需要一直聊不停，也不必刻意炒熱氣氛，只要能順利切入正題即可。

不需要太嚴肅，盡量選一些熟悉的話題。不用想太多，告訴自己「隨意聊聊就好」。

覺得自己不會閒聊的人，其實還是有一些訣竅可以幫助你輕鬆聊天。

其中一個訣竅就是主動提出輕鬆的話題，比如天氣、季節、美食、最近看的電視劇等等，這種日常生活的話題，最適合拿來閒聊。舉例來說，不妨簡單起個頭：「今天真的好熱，要記得多喝水，避免中暑。」如果一開始就談論嚴肅的話題，可能會讓對方覺得有壓力。

閒聊時，除了對對方談論的話題展現興致外，主動提出一些簡單的問題也很重要，這有助於讓對話變得更熱絡。例如：「在家種菜聽起來很有趣。當初是什麼原因，讓你決定在家種菜呢？」在聊天時，分享自己的經驗和感想也是很有效的方法。這時的重點在於「保持開放的心態」。例如，當你開心地表示「我最近在澀谷發現一間還不錯的咖啡廳，店裡播放的輕音樂讓人很放鬆」，這會讓對方覺得「你似乎是個很好聊天的對象」，從而用和你同樣開放的態度，對你敞開心扉。

閒聊不需要聊到天荒地老，也不必刻意炒熱氣氛。只要稍微打破彼此的隔閡，營造出輕鬆聊天的氣氛，其實就夠了。**愈是不擅長聊天的人，愈容易把閒聊「看得太重」**。不妨抱著輕鬆的心態告訴自己「閒聊就隨意聊聊就好」。

Tips

34

一起吃飯

用餐時聊天，從「食物」衍生出各種閒聊話題，更容易輕鬆hold住場面。

當個全職的聽眾也沒關係，不用太擔心對話中的沉默。

一起用餐的時間，是拉近彼此內心距離的大好機會。首先，可以把焦點擺在「食物」這個通用的主題上，簡單地分享想法，例如「哇，擺盤好美」、「食材的鮮美和鹹味拿捏得恰到好處」、「這種現代日式風格好舒適」等等。不需要費心說些動人好聽的話，重點在於自然地分享自己對菜餚的味道、擺盤、餐具、餐廳氣氛等的發現和感想。當你放鬆自在地享受美食，對方也會毫無顧慮地展現真實的自己。

如果不擅長說話，不妨專心當個聽眾。在對方說話時，透過給予正面的回應，比如「不是吧，真的假的！那後來呢？」表現出感興趣的樣子，對方也會愉快地繼續分享。用餐一段時間後，可以試著詢問對方「我可以問一個問題嗎？」或是「其實我最近有些煩惱……」找對方商量，藉此拉近彼此的距離。

即使對話斷斷續續，也不需要感到焦慮。只要自己覺得「沉默也是一種樂趣」，就無損彼此的關係。相反地，**你愈焦急，對方反而愈容易感受到你的情緒，導致氣氛變得尷尬。**沒有對話的安靜時刻也同樣怡然自得，無須害怕無聲的時光，不妨放鬆心情，細細品味美食。

Tips

35

委託工作

重點是讚賞「對方的優點」和「過去的成就」。

即使委託方式笨拙也不用太過擔心，最重要的是讓對方產生「自己備受重視的感受」。

委託工作時，重要的是傳達「我需要你的幫助」的態度，**因為人們渴望「受重視」，自然會喜歡能滿足這份感受的人。**無須擔心表達得不夠自然或生硬，關鍵在於真心展現出「我迫切需要你的力量」的誠意。

重點是讚賞「對方的優點」和「過去的成就」。通常對方會因為得到讚賞而意志高昂，興起「他這麼認同我，我一定要助他一臂之力！」的念頭。舉例來說：

例❶ 這次還是想請田中先生設計廣告橫幅。

例❷ 銷售部一致認為只有田中先生才能設計出熱銷的廣告橫幅，所以誠摯希望這次您也能協助我們。

對田中先生來說，例❷是最令人開心的請求，最能滿足他希望受重視的感受。另一方面，如果對方覺得「自己不被認同」或「不被尊重」，很可能會降低接受工作的意願。即使（勉強）接下工作，以這種消極的態度，恐怕也很難期待會交出高品質的成果。

「如果田中先生願意幫忙，我會非常感激。」熱切表達你的期盼，其實也很有效。你只需專心扮演「高度讚賞對方」的角色，最終一定能取得對方「欣然同意」的成果。

Tips

36

請求協助

請求協助時的腳本大致如下：「顧及對方的情況→提出請求→說明原因→表達謝意。」

考慮對方的立場和感受，誠實表達自己的困境。

如果你想尋求協助，卻又不知該如何開口，我想和你分享一個可以輕鬆取得對方同意的「委託方法」。關鍵在於顧及對方的立場，並慎選措辭。舉例來說，比起單方面直接要求同事，使用「這份資料可以麻煩你幫我檢查嗎？」或是「你現在很忙嗎？如果方便，想請你幫我檢查這份資料的數據。有空嗎？」這種站在對方立場的請託方式，更容易得到「好」的肯定回覆。

此外，除了明確說明需要協助的原因，在口頭上讚譽對方的能力，像是「木下先生的專業能力這麼高，如果能得到你的援助，我就能放心了」，或是誠實表達自己的困境，如「其實簡報還沒做出來，如果你能幫忙，我會非常感激」，這些也都很重要。當然，得到協助後別忘了真心誠意地表達感謝，即「真的非常感謝你的幫忙」。

如果不擅長交談，為了避免當下慌張失措，不妨事先準備尋求協助時的腳本綱要。重點在於「簡單扼要」，**基本流程大致上是「❶顧及對方是否忙碌→❷尋求協助→❸（用讚賞對方能力的方式）說明理由→❹表達感謝」**。盡量按照腳本流程進行，避免多說不必要的藉口或辯解。

Tips

37

自我介紹

簡單介紹自己的基本資料，並事先準備一些可能會被詢問的問題和答覆。

對方在做自我介紹時，展現你對他很感興趣的態度也很重要。從對方的興趣或特殊技能拓展話題，也是不錯的方法。

對不擅長交談的人來說，自我介紹是一個非常高的門檻。然而，自我介紹是建立新關係的第一步。不必太過緊張，就當作是彼此交換基本資料，放鬆心情應對吧！

自我介紹時，首先應思考的是「你想傳達什麼」。**重點是省略不必要的訊息，簡潔地介紹姓名、職業、興趣等基本資料。**例如，如果是私人場合，不妨如此自我介紹：「你好，我是田中，在食品公司擔任會計。假日有時會去爬山。」透過分享自己的喜好、專長或當下熱衷的活動，更容易引起對方的興趣。

若能預先設想一些問題並備妥答案，在對方提問時，回答就會更順暢。假設喜歡爬山，可以準備一些話題，例如「登山最大樂趣是可以欣賞四季風景」，或「上星期我爬了日本第二座高山北岳」等等。當對方表現出興趣時，就可以依當下的話題展開對話。

此外，對方在自我介紹時，你也應該展現濃厚的興致。特別是在對方提及興趣和專長時，那對他們來說是「最好聊的主題」，不妨積極詢問「對你來說，○○最大的吸引力是什麼呢？」或是「所以你覺得做○○很開心嘍？」透過問題，可以讓對話變得更豐富。

Tips

38

講解

講解時，最重要的是「準確傳達」。有一些簡單的技巧可以達成這個目標。

❶先整理想傳達的重點；❷用具體例子加深對方的理解；❸重述重點；❹鼓勵對方提問。

如果講解得不好，可能會無法向對方傳達正確資訊，容易產生誤解。但是，其實只要掌握一些簡單的技巧，就能降低這種風險。

建議在講解之前，先統整你想傳達的重點。例如，在新產品研發的發表會上，應明確指出新產品的主要特色、研發進度與日後進展，以及當下須克服的問題點和所需協助等等。若能清晰傳達各個要點，發表時自然能從容不迫。

此外，**關於較複雜的內容，使用具體例子來輔助說明會更有效。**例如，「新產品導入了ＡＩ技術」，僅提供這樣一句簡單的資訊，會令人摸不著頭緒，但透過具體實例，比如「這套ＡＩ可根據每位使用者的飲食偏好，視情境進行預測，推薦最適合的食譜」，更能加深對方的理解程度。

此外，重述重點也有助於加深對方理解。在最後總結時，別忘了重複闡述前面論述中的重點。

另外，為了確認對方是否理解，不妨敦促對方提問。比如，詢問對方有什麼不明白的地方，或是想進一步具體了解的部分。這樣不僅可確認對方理解的程度，同時還能預防講解上的缺失或遺漏。

Tips

39

致謝

表達心中的感恩，可以加深彼此的關係。對雙方來說，都是值得珍重的溝通方式。

總之，速度是最大的關鍵。表達感謝時，「即時」遠比「內容」重要。

「致謝」是最簡單卻又最能確實拉近彼此關係的行為。不需要太過誇大其辭，只需真心誠意地說一聲「謝謝」，就足以表達謝意。重要的是表情和語氣。**留意表情應「愉悅爽朗」、語氣「輕快活潑」**。既然要表達謝意，如果表情陰沉或語氣低落，難保對方不會誤以為你可能並非真心感激。

如果覺得很難用言語傳達，透過態度或手勢來表達，也是很有效的方法，例如「微笑」、「面帶微笑同時點頭示意」、「雙手合十」或「揮手」等等。

受到他人大力施以援手、協助或恩惠時，除了說「謝謝」，還可以具體指出感恩的重點。例如：「謝謝你，不僅幫我整理資料，還加了最新數據，真的幫了我很大的忙。」當然，如果過去曾接收過幫助，也別忘了再次表達謝意，例如：「很感謝你上次這麼快速地補足庫存，真是太感激了。」

此外，無法當面致謝時，建議透過電子郵件或傳訊息來表達謝意。切記，表達謝意的「速度」相當於「感謝的強度」。當天傍晚收到致謝的回應，和隔了好幾天後才收到表示感激的回應，對當事人來說，他所感受到的心意截然不同。請記住，「即時致謝」的重要性，遠大於「致謝的內容」。

Tips

40

道歉

道歉要簡潔、誠懇。道歉成功與否，取決於你的「決心」。誠實面對錯誤，不要逃避。

視情況，一併說明出錯的原因及未來的改善對策，更容易獲得對方的信任。

道歉的關鍵在於「簡單」和「直接」，不需要用複雜的解釋。首先，重要的是用最基本的「對不起」或「抱歉」，表達內心誠摯的歉意。如果忘記帶資料，不要含糊其辭「不好意思，我太粗心了」，應該直接表明「很抱歉，我忘記帶某某資料了」。當你開始找藉口或企圖規避責任，身體會不由自主地僵硬，對話回應也會變得不自然。**謹記「人人都會犯錯，重要的是承認錯誤，從中記取教訓」，一定能下定決心，勇敢道歉。**

當對方問起原因，應誠實以告。對方關心的並非原因本身，而是你是否誠實道歉。企圖隱瞞事實，稱不上誠懇道歉的態度。「我誤以為交貨日期是下週。」下定決心，坦承出錯的原因吧！

道歉後，提出具體的解決方案，或防止錯誤再次發生的預防措施，有助於取回對方的信任。例如，如果提交的文件有誤，不妨直言：「我會修改後重新提交，日後也會加強檢查，避免再犯同樣的錯誤。」道歉成功與否，取決於你的「決心」。當你不逃避，誠實面對錯誤時，在為人處事上一定會有明顯的成長。

Tips

41

自我辯解

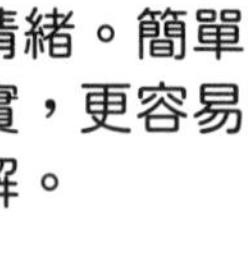

辯解時，專注說明事實，避免訴諸於情緒。簡單扼要地澄清事實，更容易取得對方的諒解。

我們可以用「辯解」來化解對方的誤解和不信任，但絕不可「找藉口」。

在對話過程中，你是否曾經迫切希望對方了解自己的想法或行為，進而心急如焚呢？然而，用力過度的辯解，只會讓人留下不好的印象。

在為自己辯解時，如果情緒過於激昂，對方可能會認為你「氣勢凌人」。請先深呼吸，讓自己恢復平靜。接著不帶情緒的專注於陳述事實：「關於昨天的客訴，請容我解釋一下情況。」**重要的是冷靜地闡述事實，而不是試圖在言語上爭贏對方。**

此外，辯解時應避免長篇大論。「昨天因電子報系統故障，導致寄送延遲了約五小時。」如此簡短扼要的說明，最為理想。之後再根據對方的要求，進一步詳細說明即可。

辯解本身並非不可為的行為，我們也沒有必要為自我辯解感到一絲愧疚，但千萬不可「找藉口」與「推卸責任」。

實際上，辯解和藉口是截然不同的概念。「辯解」是陳述事實，解釋原委；「藉口」則是試圖將自己的過錯或失敗合理化。**如果明哲保身的心態太過強烈，可能會被認為是在「找藉口」而非「辯解」**。建議控制自己的情緒，時刻提醒自己當下的言行是「為了消除對方的誤解和疑點」。

Tips

42

找人諮詢

找人商量煩惱時，描述得愈具體，對方愈能提供詳細的建議。仔細聆聽建議是基本禮儀。

尋求他人的建議時，最重要的是慎選合適的對象。諮詢時直接講明，簡短描述煩惱所在。

如果有煩惱想找人商量，最重要的是找一個「值得信賴的人」。不要找平常會否定你、不關心你或對你不感興趣的人，應該找能理解你的煩惱，像是關係親近的朋友、家人、同事或主管等。

不擅長交談的人，往往會因為緊張，導致說話容易變得冗長。如果單靠在腦中整理思緒，在諮詢過程中，難免腦袋一片空白或偏離主題。因此建議事先將想諮詢的事情整理在筆記本上，即可減少這類情況。

此外，建議在一開始就直接簡短描述煩惱的癥結點。例如：「主管說話尖酸刻薄，讓人招架不住」、「遲遲無法提升業績，讓我很苦惱」等等。注意不要一開始就鉅細靡遺地詳述各種人際關係或情況，對方問起時，再視必要性補充說明即可。**切記不要規避問題，誠實回答。**如果你在諮商過程中試圖隱瞞或掩飾消息，只會讓對方失去想幫你分憂的意願。

如果希望對方提供解決方案，不妨具體詢問：「我最近工作忙到天天加班，有沒有什麼好辦法可以減少加班呢？」這樣對方會更清楚該如何提供建議。

對方在分享意見時，「專心聆聽」是最基本的禮儀。千萬不可批評他人的建議，應懷抱感恩的心，感謝對方願意幫你分憂。

Tips

43

聽對方傾訴

煩惱諮商，有九成重點在於「關心諮詢者」。一味地將建議強加於人，十分不恰當。

不可否定或批評對方。多說些「有共鳴、感同身受」的話，可以讓對方感到安慰。

有些人可能會覺得聽人講煩惱、提供建議，是一種沉重的負擔。然而，在傾聽別人的煩惱時，不需要任何特殊的交談能力，最重要的僅僅是一顆關懷的心。

人們傾訴煩惱，大多並不是為了尋求具體的解決方案。他們最大的需求，其實只是「想找人一吐為快」。如果朋友找你傾吐「我最近工作不太順利……」與其急著提供建議「不然你要不要試試這樣做？」不如靜靜地聽他說完。

一個好的諮詢者或傾聽者，可以協助對方自行找出答案。「你自己覺得呢？」或「到底發生了什麼事？」透過你的提問，對方可以一邊整理情緒或思緒，一邊回答。對方說完後，一句慰問「辛苦你了」，便足以安撫人心。切記，千萬不要責怪、否定或批評對方。

至於你個人的意見或經驗，等對方主動詢問時再分享就好。這時，應該盡量用委婉的語氣表達「不知道對你有沒有幫助，不過要是我……」。

最後結尾時，別忘了感謝對方願意找你商量，與你分享煩惱。相信他一定會打從心底開心，認為自己找對了傾訴對象。

Tips

44

幫助他人

表達「想幫助他人」的心意，這件事本身具有很大的意義和價值。不妨從「小小的關懷」開始做起，你就能感同身受。

不需要費心說些動聽的話。所謂「助人助己」，幫助他人時，自己也會變得更正面積極。

幫助有困難的人時，交談能力好壞與否並不重要，重要的是「希望幫助他人」的心意和態度。傳達這份心意，最好的方法就是給予「小小的關懷」。

例如，當同事被工作淹沒，忙得焦頭爛額時，不需要給予任何複雜的建議。「你看起來好忙，有什麼我可以幫忙的嗎？」簡單一句話就能溫暖對方的心。在專案執行的過程中，如果發現員工遇到困難，不妨主動提議「要不這交給我來做吧？」同事的電腦發生問題時，可以建議「要不要試試重新開機？」等等。這些「小小的關懷」，不需要特殊的技巧或知識。當然，也不需要能言善道的口才或感人動聽的措辭。

或許有人會猶豫不知該何時開口，但其實當你「想伸出援手」的當下，就是最佳時機。即使對方婉拒了你的好意，也不必氣餒。他之所以拒絕，只是有自己的考量，並不是因為你有什麼不好。

此外，對他人付出小小的關懷，還有另一個更大的優點，就是激發自己變得更正面積極。幫助他人時，也能重新認識自我價值和應盡的職責，從中獲得信心，為自己感到驕傲。每當你發出一次「小小的關懷」，心胸就會變得更寬廣。對不善交談的人來說，幫助有困難的人，其實是不可多得的大好機會。

Tips

45

慰問與慰勞

透過「慰問」加深彼此的信賴關係。表達心意不需要太多的言語，因此對不擅長交談的人來說，負擔相對較輕。

透過「慰勞」肯定對方的付出，也是一種極其簡單卻效果顯著的溝通方式。

「慰問」是指待人溫厚，安慰對方的辛勞。短短幾句貼心的問候，就能表達關懷對方的心意，因此對不擅長交談的人來說，感受的負擔相對較輕。

舉例來說，假設朋友剛投入新工作，不妨試著表達你的關心：「剛到新環境一定會比較辛苦，慢慢適應吧，加油！」如果朋友剛失戀，或許可以安慰他：「別難過啦。如果你想聊聊，我陪你。」僅僅是簡單的話語，也能令對方感到寬慰。**這些問候的言語隱含著「我在乎你」的心意。**對他們來說，這種受到重視的感受，比什麼都令人開心。

另一方面，「慰勞」是指肯定對方的努力和辛勞，並表達內心的感激。慰勞的話語會讓對方覺得自己的付出受到肯定，提升繼續奮鬥的動力。例如，當同事在專案中取得豐碩的成果，不妨試著表示「專案會這麼成功，都要歸功於山本先生的努力，辛苦了」，相信對方聽在耳裡，也會對自己的工作感到驕傲，更盡心盡力地投入下一個專案。

對於不擅長交談的人來說，慰問與慰勞可說是一種簡單又有效的溝通方法。尊重對方的感受，貼近他的情緒，與之產生共鳴，自然會拉近彼此心靈上的距離。當你在聊表慰問或慰勞之意時，內心也會充滿暖意。

Tips

46

居中協調

站在公平公正的立場，引導雙方和平共處。最終目標是促使雙方各自退讓，齊步邁向解決之道。

居中協調應該在聽取雙方意見，充分了解彼此的感受和立場後，再採取具體行動。

居中協調看似困難，但只要掌握技巧，即使不善交談，也能應對自如。在協調過程中，最重要的是先認真聆聽雙方的說法。然後根據雙方的說法提問釋義，比如「A說的意思是如此這般，是嗎？」或是「B你對這部分有何看法？」藉此詳細確認，確切掌握雙方的意見。接著，認同雙方的感受和意見也很重要。例如：「所以對A來說，這點很重要」或是「原來B是這樣想的」，透過這樣的回應，理解他們的想法或感受，有助於讓雙方恢復平靜。

身為協調者，你應該在充分了解雙方的立場和論點後，才正式進入具體的協調。「根據雙方的意見，我想你們的爭議應該是如此這般。」透過綜合歸納，引導雙方達成一致的協議，自然是最完善的結局。

當雙方都展現出願意積極解決問題的態度時，不妨試著鼓勵他們提出更具體的行動。例如，「雙方講的都很有道理。既然如此，你們認為有沒有什麼更好的折衷方案，可以達成共識？」站在公平公正的立場，平靜地提出建議，可以軟化雙方的態度，攜手朝解決問題的方向共同努力。只要切記**「不論發生何事，協調人都是雙方最好的同伴」**——自始至終維持這樣的態度，你便無所畏懼。

Tips

47

保有隱私

面對他人的提問，含糊敷
衍帶過或轉換話題，就不
容易被人察覺你想隱藏的
事情。

平時做好準備，分清楚自
己「想說」和「不想說」
的底線。這樣一來，被問
到不想說的事情時，才不
至於亂了手腳。

有些不擅長交談的人，不喜歡被人追問自己不想談論的事情。當然，如果抱持祕密主義，什麼都不願意分享，別人難免會覺得難堪，但這並不表示你必須把自己的事全盤托出。你有權不談自己不想討論的事，同時心安理得的與人自在對話。

首先，建議你事先在心中清楚劃分，自己願意分享哪些事，哪些事不想說。比如，你願意分享興趣和工作，但孩子的升學規劃想避開不談。即使對方問了不恰當的問題，也無須慌張或不自在，淡定地輕鬆應對就好。

例如，假設你不想被人打探感情世界。如果對方詢問「你不想結婚嗎？」不妨敷衍帶過「目前想專心工作」，這樣就夠了。事先準備應對答覆，被問及相關問題時，就能避免對方窺探你的隱私。

同時，不妨訓練自己，事先預習一些適合閒聊的主題，例如「話說，最近我迷上越南菜……」、「跟你說，前幾天我第一次打高爾夫……」、「喔對了，車站前新開了一家咖啡廳……」，如此一來，在緊急時刻就能自然地轉移話題。

Tips

48

回饋意見

開檢討會，並不是為了揪出罪魁禍首。記住，「檢討」是為了發現問題，與眾人一同成長的場合。

建議事先整理意見和必要的資訊。闡述意見時，每句話要盡量控制在10秒鐘以內。

參加檢討會議等回饋意見的場合時，建議事先整理自己的想法和所需資訊。如果認為自己與專案成員在合作的過程中出現許多失誤，不妨歸納條列出原因、具體情況、需要反省的重點和改善方案等項目。

既然你不健談，發表過於冗長的意見，對你並沒有任何好處。所以盡量簡潔地表達意見或感想就好。例如：「A組和B組未能共享進度情況，造成了不必要的溝通成本。」即使只是簡短的陳述句，就足以構成討論的主題。**闡述意見時，每句話盡量不要超過十秒鐘。**

如果你覺得不適合由自己來開頭提議，不妨扮演提問者的角色，引導他人提出意見或想法。例如：「可以請你具體說明某某事情嗎？」或是「你覺得是什麼原因造成的呢？」、「你認為達成某某的主要原因是什麼呢？」等等，透過適當的提問，有助於收集更多有益於解決問題或改善的資訊。「獲得資訊」相當於「安撫人心」。你所收集到的有用資訊愈多，愈能舒緩自己對談話的焦慮。

最重要的是，設法讓自己放鬆下來。檢討會的目的並不在於揪出誰做錯事，而是為了找出問題，讓在場的每位人士一起成長進步。只要你敢在這個場合提出自己的看法，就有機會獲得大家的信任。

Tips

49

指正與勸諫

當你在指正或勸諫他人時，要心懷誠意，相信對方未來的成長和潛力。

將目標擺在協助對方改善行為，而不是責備或否定對方。另外，不妨提供具體的解決方案和建議。

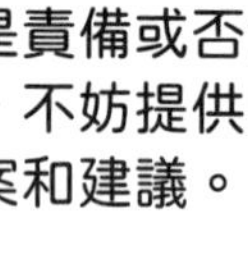

在指正或勸諫他人時，別忘了保持尊重對方的態度，維持溫和平靜的語氣，將目標擺在協助對方改善行為，而不是一味地譴責或否定。例如，當下屬忘記提交報告時，與其責問對方「你居然忘記了？」不如諄諄勸導「報告不光是對我很重要，還攸關你未來的成長，希望往後能準時提交」，相信對方會更能接受你的意見。

在提供具體的解決方法或建議時，請留意不要讓語氣聽起來像在下達命令，例如「在行事曆上設定提醒通知，就能預防自己健忘」。提供具體的改善對策，對方也更容易改進自己的行為。

此外，正面的口頭表達也很重要。不光是指出錯誤，若能同時肯定對方的優點和成長，有助於提振對方的士氣。例如：「你的報告總是整理得有條有理，希望能繼續維持」，相信聽到這些稱讚，很少有人會不開心。**在批評或勸諫他人時，關鍵在於「鼓勵」**。

最後還有一點心態上的建議。在指正或勸諫他人時，請誠心相信對方未來的成長與潛力。假裝相信是沒有意義的，重要的是全心全意地相信這一點。只要你真心誠意，對方一定會虛心受教，努力回應你的期待。

Tips

50

表達不滿

當你想表達事態的嚴重性或提出強烈抗議時，也可以採用電子郵件或書信等訴諸文字的手段。

盡量保持冷靜，建議利用「事實＋感受」的方式傳達。如果有具體的解決方案，也一併說明。

在表達不滿時，不要放任情緒暴走。一旦情緒高漲，很容易失控，也無法冷靜溝通，所以最重要的是心平氣和。例如：「我平時來健身房，一切都很滿意，但這次有些地方感受不太好」，**盡量用冷靜的方式，先從「客訴的概要」開始闡述，對方會更願意聆聽顧客的反映回饋。**

接著，描述具體事實，以及你感到不便或不滿意的地方，比如「這台機器的握把很黏膩……摸起來很不舒服」，透過「事實」搭配「感受」的傳達方式，可以讓對方迅速理解問題所在和你真實的感受。

當你清楚自己希望的解決方案時，不妨明確表達出來，例如：「可以立刻清理或讓我換一台機器嗎？」提出具體的要求，可以更快速地解決問題。此外，如果情緒比較激動，建議先讓自己冷靜下來。在冷靜期間，不妨整理資訊，想想「問題是什麼（事實）」、「我的心情如何（感受）」等等。稍微深呼吸，就能心平氣和地陳述己見，像是「我剛剛要用這台機器，但上面少了某個零件，有點失望」。

如果問題嚴重，也可以利用電子郵件或實體信件等手段來表達。透過「書面文字」留下紀錄，可以讓對方明確感受到事態的嚴重性以及你的強烈抗議。

Tips

51

親筆書寫感謝信

如果無法在對話中順利傳達，不妨透過書信來表達「具體事件和內心由衷的感謝」。

寫信，可以斟酌字句，同時表達自己的感受，還能傳達書寫者的手寫溫度。

如果你覺得自己「在對話中無法順利傳達感恩的心」，不妨選擇寫信。寫信時，可以仔細琢磨詞彙，一邊撫平情緒（或是整理資訊），同時傳達自己的心意。

舉例來說，假設你在某個專案中深受合作夥伴A的幫助，但不知該如何用言語表達心中的感謝，這時正是書信派上用場的時候。在信中，可以在具體的描述中穿插感謝的詞句，比如「感謝您一直以來的全力支持，特別是日前合作專案中您對促銷的建議，讓我受益良多，打從心底由衷感謝」。

寫信，最重要的是簡要清晰。過度冗長的內容只會讓讀者疲憊，所以建議控制在一張信紙以內，盡量不超過兩張。不需要刻意寫得「字跡優美」，重要的是傳達你誠心書寫的心意。

用心一筆一畫的字裡行間，蘊含著書寫者的情感與溫度。特別騰出時間，專門為對方寫一封信，這封信將為收信人帶來獨特的價值和無上的喜悅。縱使無法直接會面，信件也能代為傳達心意；對不擅長交談的人來說，信件無疑是最恰到好處的溝通工具。

Tips

52

出席聚餐

聚餐並非自我推銷的場合，不需刻意表現自己。

不需要成為談話的焦點。興味盎然地用心傾聽他人說話，適時接話或做球給別人，也是一種參與對話的方式。

在聚會場合中，如何融入眾人談話的圈子，時常令人備感壓力。然而，你並不需要充當第一個提供話題的勇者。首先，不妨先試著興味盎然地傾聽別人說話。例如，當同事聊到自己的興趣時，可以嘗試提問：「聽起來很有趣耶。是什麼原因讓你迷上這類活動呢？」重點在於用心聆聽。僅僅如此，就有機會與對方建立良好的關係。

如果你不太熟悉當下的話題，可以試著詢問「某某部分可以請你再說得詳細一點嗎？」就更有機會聊出有深度的內容。此外，**預先準備一些常見的問題，就不怕聊天聊到一半，因無話可聊而冷場**，比如「最近有什麼開心的事嗎？」、「週末有什麼安排？」或「暑假有安排出遊計畫嗎」等等。

如果你發現某個人一直在講話，不妨充當主持人，趁機做球給其他人，「那某某某呢？最近有迷上什麼興趣嗎？」藉此維持談話的平衡。輪到自己說話時，不需要刻意表現自己，重視真正的自我，坦率分享自己的想法和感受就好。

聚餐不是自我推銷的場合，而是與在場人士加深交流的好機會。**提醒自己「真誠聆聽（接受），坦蕩分享（付出）」，享受聊天的樂趣。**

Tips

53

在會議上發言

發言的機會，通常落在別人說完話的那一瞬間。關鍵是發言時要「看起來很有自信」。

準備萬全，是重要關鍵。事先整理發言內容，條列出大綱或摘要。

在會議上發言，必須掌握三個訣竅。**第一，是做足發言的「萬全準備」**。在會議前先確認議題，簡潔地彙整自己的意見或提案。強烈建議要為自己準備一份簡短明瞭的備忘錄。只需列出發言的要點，比如「提議某某新專案／推動遠端工作，藉以減少經費」等等，就能讓自己在發言時更從容。**第二是掌握「時機」**。評估會議進度，盡量在適當時機發言，尤其是某人剛發言完畢、議題異動前或討論暫且告一段落的瞬間，都是最佳的發言時機。如果實在找不到機會，不妨用眼神暗示會議主席，主動請求發言：「我可以發言嗎？」主動出擊，也有助於撫平自己躁動的情緒。

第三是「展現自信」。在會議上，說話音量不宜過小，語速也不要太快。發言要鏗鏘有力，語氣溫和舒緩。如果你的眼神飄忽不定，太多手勢動作或不停抖腳，都會讓聽者分心，無法專注在你的發言內容。此外，不擅長說話的人其實也很適合借用別人的話來幫助自己表達，也就是「融合他人的意見和自己的觀點」（因為這樣不需要無中生有，從頭開始構想），例如「我大致同意A的意見，如果能另外加上這些，說不定會更有趣」。在接受他人提問時，如果一時無法回答也不必慌張，冷靜回覆「這個問題請容我留到下次會議再回答」，這樣就夠了。

Tips

54

聽不懂對話內容

不懂裝懂，其實是最大的風險。誠實面對自己，勇敢說出「我不知道」。

坦承自己「不知道」，有助於學習與成長。

在此想請不擅長交談的你，務必遵守一項簡單的原則——「不知道的時候，就說不知道」，這一點非常重要。因為愈是不善於交談的人，往往會為了掩飾自己的不足，而努力假裝自己知道某些事。然而，這樣做勢必要對自己撒謊。儘管只是一個小小的謊言，也不利於心理健康。再者，如果裝懂的事情被揭穿，不僅會破壞當下氣氛，還可能讓對方感到失望。

承認自己不知道或不懂，是與對方建立信任關係的第一步。舉例來說，如果在工作中，你聽不懂對方在說什麼，請鼓起勇氣告訴他：「抱歉，我才疏學淺，可以請你再詳細說明嗎？」這樣一來，你不僅能獲得所需資訊，對方也會因為你認真聆聽而感到寬心。

和朋友對話也是同樣的道理。當朋友在談論你聽都沒聽過的電影或音樂時，不需要說謊假裝自己好像看過那部電影。只要老實告訴對方：「我沒看過那部電影耶，那是在講什麼？」對話就能順利（且健全）地延續下去。

對話不是知識競賽，而是互相理解的過程。承認自己不懂，表示你對對方坦誠以對，也能加深彼此的信任。別忘了，從別人身上學習新知，才能讓自己有所成長。

Tips

55

最重要的三個場合 ❶會議 ❷報告、聯絡與協商 ❸業務商談

愈能敏銳察覺周遭情緒與氛圍的人，其實愈適合面對面溝通。關鍵在於「如何善用這些資訊」。

心思細膩的人還有一個優點，就是不會在談話中讓對方感到疲憊。只要掌握簡單的溝通技巧，即使面對面，也不用擔心。

不擅長交談的人在面對面談話時，很容易感到壓力。然而，只要善用面對面時的互動特性，就能毫無負擔地享受對話的樂趣。

其實，儘管許多不善於交談的人不擅長言語上的溝通，卻非常擅長察覺當下的氣氛和對方的情緒（但這也是他們容易感到壓力的原因）。這聽起來或許有些令人意外，但如果可以巧妙運用察覺到的訊息來引導談話方向，這種「敏感」特質，其實可以成為對話中的一把利器。

「話多的人」並不表示他「會說話」。實際上，許多愛說話的人經常會忽視當下的氣氛或對方的感受，結果導致對方可能覺得「和這個人說話很累」。那麼，這樣的人稱得上「能言善道」嗎？答案是否定的。反之，自覺「敏感」的人，其實更容易成為「可以讓人舒適交談」的說話對象。

實體會議

實體會議更容易分享資訊、熱情和情感，也更容易拉近彼此心靈上的距離，建立信賴關係。

此外，便於運用視覺效果，也是實體會議的另一個優點。例如，在會議室中將意見、想法、數據、計畫或預測等寫在白板上，可有效提升與會人士的理解度和認同感。當然，事先分發印刷資料也是不錯的方法。重點在於盡可能減少自己說話的負擔。

聽別人說話時，將對方的談話內容抄錄在筆記本上，就不必一直盯著對方看。再者，還能從筆記中尋找話題，對於不知該聊什麼的人來說，筆記是救星。

面對面的報告、聯絡與協商

透過網路進行的線上報告、聯絡與協商，大都在規定的時間內進行，這反而容易讓人緊張或感到拘束。另一方面，如果是面對面，則可以在報告、聯絡與協商的過程中夾雜輕鬆的閒聊。若是在辦公室，也可以趁喝咖啡休息或午餐時間等空檔，在走廊擦身而過或搭電梯時，順便簡單地報告、聯繫或商量。

當然，面對面進行報告、聯絡或協商時，還能隨時觀察對方的反應。如果對方露出疑惑的表情，可以當場補充說明。**比起線上溝通，面對面交流可以提供更多資訊，減少傳達失誤的機率。**

當面進行報告、聯絡或協商，重要的是時機。如果主管正忙得焦頭爛額，這時候去找他，你很可能會直接（從對方的言語、表情或態度）受到主管煩躁情緒的影響。

相反地，如果主管看起來稍有空閒，或是剛笑容滿面的和別人閒聊結束，這時就是絕佳的時機。相信主管會很樂意聽你說話。對於不擅長交談的人來說，「洞察對方的情緒」也是一種溝通策略。相較於線上溝通，面對面溝通更能有效掌握時機。

面對面商談業務

面對面商談，有許多優點。首先，如果是線上會議，人物被框限在四四方方的螢幕中，但面對面時，對方就在我們眼前更寬廣的視野裡。透過觀察對方的服裝、肢體語言、小動作、習慣或隨身物品等，可以獲得許多關於對方的資訊。這些資訊通常反映對方感興趣的物品，因此更容易開啟話題。比如：「您戴的針織領帶真有品味」，如此一句稱讚，往往能讓對方放鬆表情，營造更輕鬆的氛圍。

此外，拜訪客戶時，不妨多留意室內裝潢、牆上掛畫、公司標語、桌上飲品、窗外風景等等，這些都是很好的交談資料。透過這些周邊資訊，可以激起對方的熟悉感與共鳴，像是「從車站到公司的行經路徑」、「今天的天氣」或「在公司附近的所見所聞」等，你在路途中剛獲得的新鮮資訊，都能成為談正事前的閒聊話題。

此外，如果你亟欲推銷的商品或服務，可以提供實際體驗，透過現場演示，還能直接刺激客戶的感官，例如「提供試吃」或「贈送試用品」等，讓客戶親身體驗商品或服務，也是面對面商談的一大優勢。

當然，客戶一定也擁有龐大的資訊。當對方提問時，務必誠實回答。**請記住，在商務會談當中，比起「談生意」，包含閒聊在內的每一個互動，都是與對方建立信賴關係的過程。**

Part 3

不論哪一種「對話」情境，都能幫自己加分

（不擅長交談也沒有大礙，
但不可否認的是，
面對面溝通還是有好處在。）

「見面交談有諸多優點，
比如解決問題、
激發靈感等等。」

（有時還可消除壓力，
讓工作進展更順利。
優點不僅止於此……）

「日常對話中，
包含許多學習與
成長的機會。」

Tips

56

突然沉默時，反而要享受

人們面對聊天中的安靜空檔，常如坐針氈，但這是一種錯誤認知。縱使彼此沒有交談，也無須慌張，試著信任對方，共享這份寧靜。

兩人之間，可聊可靜，不以安靜無聲為苦；這樣的人，反而是最好的聊天對象，可遇不可求。

沉默並不可怕。相反地，如果能接受沉默，怡然自得，這將成為你克服對話恐懼的一大步。

例如，假設你與朋友在咖啡廳聊天，當話題告一段落，出現短暫的沉默時，你可能會感到不自在。然而，這份不自在，其實是來自你心中把沉默與不好畫上等號的錯誤觀念。這時，你需要的是「轉換心態，享受沉默」。不妨面帶微笑，靜靜地感受彼此的寧靜。只要你信任對方，願意一起分享這份沉靜，就不用在意。站在對方的立場來看，能尋得一起分享沉默的人，反而最令人放鬆。其實，沉默的作用非常大，有時甚至可以加深彼此的信任，強化雙方關係的聯繫。

在商業場合，沉默也扮演著重要角色。舉例來說，假設你在銷售地點介紹產品時，客戶不發一語。這種沉默並不表示你說明失敗，反而是對方在仔細思考，試圖加深理解的重要時刻。如果你試圖發話填補這段沉默，也可能弄巧成拙，讓對方無心再花時間在你身上。

請記住，透過沉默維繫的情感聯繫，比言語來得更強大。即使你不擅長交談，也會因為不再害怕沉默而接受它，甚至享受其中，從中發現怡然自得的自己而感到喜悅。

Tips

57

鼓勵與肯定對方時，一句話就夠

不需要長篇大論，只要短短一句鼓勵或肯定，加上真心誠意的態度，就足以引起對方的共鳴。

鼓勵和打氣的話語，除了聽者會受到鼓舞，發話者也會感受到同樣的活力。

不擅長交談的人，更應該培養鼓勵、肯定他人的習慣。因為在鼓勵他人，幫對方加油打氣時，不需要任何艱澀或冗長的台詞。重要的是貼近對方的心，給予支持，展現同理心。

例如，假設在報告前，同事看起來很緊張，一句簡短的話語「別擔心，團隊一起陪你」，就能鼓舞人心。此外，舉出具體實例，例如「你上次在會議中提出的想法很棒」，可以讓對方認識到自己的優點，重拾信心。

站在聽者的角度，我們也能給予鼓勵和肯定。如果對方遇到困難，感到沮喪，透過「你會這樣想也在所難免」或「你並沒有錯」等慰問，將心比心，可以讓對方得到安慰，更容易鼓起勇氣，積極尋找解決方法。

假設你不知該說什麼，記住，在對方說話時，適度點頭，給予肯定回應，最重要的是，你的陪伴，就是最大的鼓勵。**即使你不擅長交談，不論是簡單一句話、感同身受的心意，還是無聲的陪伴，都足以發揮鼓舞對方的作用。**

更重要的是，鼓勵別人，為他加油打氣，說話的當事人也會得到心靈上的滿足。每當鼓勵他人時，你的內心也會變得更有活力。

Tips

58

腦力激盪時，意見交流更重要

腦力激盪，並不是為了追求正確答案或完美的對話。不妨大膽地暢所欲言，接受思想的碰撞。

只要順著別人的意見發言，就能參與對話。組合不同意見的元素，有時更容易激發出獨特的靈感。

腦力激盪是一群人聚在一起，自由分享想法的方法。不必在意想法是否完美，即使想法不完整，也來者不拒。這能讓不擅長交談的人，更容易自在地表達意見。

在腦力激盪的情境下，將別人的意見加上自己的想法進行延伸，可以讓討論變得更熱絡。例如，假設大家正在思考行銷活動的方案，有人提議「利用社群媒體做宣傳感覺不錯」，你可以順著這個想法建議「另外結合在地特色甜點比賽如何？」有時大膽延伸眼前的想法，將更容易深入、拓展議題。

在腦力激盪的過程中，「結合不同元素」的效果也非常大。例如，將「兒童教育服務」與「遊戲」結合，創造出「寓教於樂的教育服務」；或是將「醫療床」與「AR技術」（擴增實境技術）結合，推出「病床也能體驗世界自然美景的住院方案」等等。結合不同領域的元素，更容易產出充滿創意且創新的點子。

許多時候，在你看來的「垃圾點子」經過一番打磨後，也能點石成金，綻放光芒。不妨抱持「想到什麼就先說出來」的心態，輕鬆面對。

Tips

59

多人討論時，可主動提問

討論不是戰場。何不眾人同心協力，取得有價值的成果，讓討論的時間變得更有意義。

「禮讓發言」是與人討論時的基本原則。此外，別忘了對他人的意見給予正向回應。

如果你不擅長交談，那麼在剛開始討論時，建議先主動提問：「某某某你有什麼想法嗎？」或是「你有想到什麼好點子嗎？」等等，透過提問，讓對方發表意見。這時候你應該仔細聆聽，並適時點頭給予回應，這樣會更容易加深對方的印象，認為「感覺可以跟這個人討論出有建設性的東西」。

待對方分享完畢，就輪到你發言，表達自己的想法或提議。這時，不要用「不過……」或「但是……」這種全盤否定對方意見的詞句切入，並記得肯定對方意見中的「優點」。例如，假設對方表示「因為預算有限，沒辦法租借大型會場」，你或許可試著回應「的確預算的問題很重要，那要不要考慮在預算範圍內，辦一個實體店鋪的活動呢？」這樣就能加深討論。

發表完意見後，也可以詢問對方或其他人對此有何看法。讓在場每個人發表意見和建議，集思廣益，往往更容易激發出獨自一人想不到的好點子。

透過這種方式強化整組團隊意識，就能自然搭上熱議的浪潮。**討論不是「戰場」，而是眾人「共同打造的場合」**。我們應該尊重彼此的意見（尋求融合），共同創造有價值的成果。

Tips

60

走廊上的相遇，以閒聊為主

利用「單純曝光效應」，不知不覺提升好感度。

不用刻意努力聊太久，建議選個可以輕鬆閒聊的主題即可。

在辦公室走廊「擦身而過的閒聊」，是一個可以輕鬆交流的大好機會。畢竟是「擦身而過」，所以對話可以很簡短，不需要努力說一堆話，卻能加深彼此的關係。

碰巧相遇時，直視對方的眼神，開朗地打聲招呼「哈囉」或「早安」。稍微提高語調，可以讓人留下好印象。如果對方看起來不怎麼匆忙，可以試著聊些簡單的話題。比如聊聊天氣「今天好熱」，或隨口提一下前兩天公司發生的事情，或彼此都感興趣的議題（例如員工餐廳的新菜色）。**不需要把話題擴大或深入討論**，閒聊幾句後，即可輕鬆說句「那下次再聊」來結束對話。

有一種心理現象稱為「單純曝光效應」，即經由多次接觸，對對方產生好感的現象。所以這種擦肩而過的閒話家常，正是加強單純曝光效應的絕佳時機。

每天聊個幾句，不僅能獲得對方的好感，自己也會逐漸習慣與人交談，變得更有自信。在這個只需「簡單交換幾句話」的「對話練習場」中，一步步的消除因對話產生的恐懼吧！

Tips

61

參加實體活動，優先認識聊得來的人

優點是可以自己挑地點，就挑選符合喜好的活動或場合吧！

不需要追求完美的對話。如果遇見聊得來的人，不妨主動與他們保持聯繫。

對於不擅長交談的人來說，參加研討會、讀書會或體驗活動等實體活動，是與其他氣味相投的人建立聯繫的大好機會。**最重要的是，選擇與自己的興趣或志趣所在相符的活動。**例如，假設喜歡攝影，不妨參加攝影工作坊，就有機會找到同好。

面對一起參加活動的人，不妨輕鬆搭話，比如「你參加過很多次了嗎？」聊些稀鬆平常的話題，像是「你喜歡〇〇嗎？我也是！」慢慢尋找彼此共同的興趣。此外，「我是第一次參加活動，內心好期待！」主動坦承自己的感受，也會讓對方感到安心，更願意對你敞開心扉。

如果遇到聊得來的人，活動結束後「保持聯繫」也很重要。比如主動提議：「今天聊得真開心，方便交換聯絡方式，繼續聊相關話題嗎？」如此就有機會延續緣分。之後透過聊天軟體持續交流，慢慢拉近彼此心靈上的距離。

無論在什麼場合，都不需要過度在意自己說話是否得體，表現是否完美，最重要的是做自己，享受當下。若能保持自我，慢慢加深與對方的聯繫，相信你也會自然而然地習慣對話。

Tips

62

在實體店購物或用餐，多問開放式問題

多利用「開放式問題」來起頭，讓對方暢所欲言。

這是獲得有益資訊的大好機會。不必害怕失敗。

在實體店購物或用餐，是磨練溝通技巧的好機會。你不需要主動提供話題，一個簡單的問題，就能自然地開啟對話。提問的訣竅是採用「開放式問題」，讓對方可以自由回答，而不是只能回答「是」或「不是」，也能提供更多資訊。

例如，假設你發現一家頗中意的服飾店，不妨大膽地詢問店員：「我想試試這類風格的衣服，有什麼可以推薦的嗎？」眼光精準的店員或許會幫你推薦最新流行趨勢或適合你的設計。和行家交談，也是獲取新資訊千載難逢的好機會，說不定還能意外發現自己怎麼找也找不著的理想商品。

第一次光顧餐廳時，不妨詢問店員：「店內最受歡迎的餐點是什麼？」除了招牌菜，店員有時還會推薦隱藏菜單或當天的特別菜色。

從一個問題開始的小小交流，就能增進你對交談的自信。當然，店員的個性和服務態度都不盡相同，不見得每次都會順利。不過，只要你能了解「聊不起來也不是什麼大問題」，這已是一大收穫。**在實體店面遇到尬聊窘況，不妨抱著「只要自己不尷尬，尷尬的就是別人」心態，勇敢出擊。**

Tips

63

提出問題時，以縮短距離為目標

避免詢問只能回答「是」或「不是」的問題。詢問「喜好」之類，較能引起對方的興趣和熱情。

透過提問，取得對方的資訊，是找出彼此共通點的重要環節。

提問時，建議採用開放式問題，讓對方自由回答。例如，避免提問「你會煮飯嗎」這種封閉式的問題，改問「青木先生你有什麼喜好嗎？」更能引起對方的興趣，也更容易找到話題的突破口。

後續的提問，則建議多配合對方的興趣。假設對方喜歡遊戲，詢問「最近有特別迷什麼遊戲嗎？」或是「那款遊戲哪裡吸引你呢？」等等，相信對方也會更熱情地與你分享。

此外，**根據對方談論的內容進一步提問，對話也會變得更熱絡。**例如，如果對方提到自己喜歡的咖啡廳，不妨透過問題找出對方喜歡那間店的原因（也就是對方感興趣的重點所在），比如「對咖啡的講究」、「店裡的氣氛和舒適感」、「店員熱情好客」或是「午間套餐的吸引力」等等。如果發現對方對咖啡豆很講究，也可以詢問「咖啡豆的分辨方法」，虛心求教。

提問是一個很有效的方法，除了減輕說話的壓力，還有助於了解對方，找出彼此的共通點。比起形式上的提問，更重要的是「想了解對方」，想和對方拉近距離。

Tips

64

回答問題時，以結論＋感受為主

與人分享經驗或感受，是一種敞開心胸的證明。這種開放的態度也會影響對方，對你打開心房。

不妨善用兩種表達方式：「結論＋經驗」和「結論＋感受」。

在回答問題時，有兩種非常實用的表達方式，一種是「結論＋經驗」，另一種是「結論＋感受」。這種溝通方法是先提出結論，再補充更具體詳細的訊息。

舉例來說，如果有人詢問「你都看些什麼書？」可以先說結論「我最近很迷懸疑小說」，接著再分享具體的內容或感想，比如「特別是某某密室懸疑作品，真的很有趣，謎題環環相扣，讓人欲罷不能，我一口氣把整本書看完」，這樣會更容易引起對方的興趣和注意。

或是如果有人問「你怎麼瘦下來的？」可以先總結方法「運動，還有調整飲食」，接著詳述「我以前搭電車上下班，後來改騎腳踏車，還有早晚都喝高麗菜湯，結果三個月內就瘦了五公斤」。如果被詢問到工作上的近況，先簡短回答「這週因為專案忙得不可開交」，然後補充感想「小組成員齊心協力，在最後期限內完成任務，超有成就感的」，如此描述，不僅能報告近況，還能引起對方的共鳴。

在分享個人的經歷或感想時，你或許會覺得有些難為情。然而，這也證明了你以誠相待，真誠展現自我。**當你敞開心胸，對方也會願意對你開誠布公。**不妨細細品味跨越「難為情」後，隨之而來的「與他人連結的喜悅」。

Tips

65

分享目標或夢想，要能引起共鳴

感性表達自己的夢想和目標，並為他人的夢想加油打氣，這將瞬間拉近彼此心靈上的距離。

請先在內心具體盤點自己的夢想和目標，接著聆聽對方的目標與夢想，尋找彼此的共通點。

互相分享夢想與目標，能與對方建立深厚的連結。請先釐清自己的夢想和目標。試著用白紙黑字，寫下你想達成的目標和理由。**書寫時的重點在於「具體呈現」**。例如，不要只是籠統地寫一句「我想出國旅遊」，而是具體描述「希望能在明年底以前去義大利托斯卡尼，享受當地的美酒」，這樣在分享時，會更容易引起他人的共鳴與支持。

與人交談時，試著反問對方的夢想或目標。夢想和目標是最容易引起熱烈討論的前三大話題之一。如果你在對方的談話中發現共通點，那時便是主動分享夢想和目標的好時機。例如，假設對方談到有關美食的願望，你可以順著話鋒分享自己的夢想：「其實我對飲食文化也很有興趣，明年想去希臘享受海鮮料理。」即使找不到共通點也沒關係，等對方說完，簡單一句「其實我也有個願望」，就能接著暢所欲言。

描繪自己的夢想和目標時，盡量投入情感。透過聲音和表情傳達你的熱情與期待，更容易讓對方產生共鳴。當然，也別忘了正向回應對方的夢想，例如：「你的夢想是開辦個展，真是太強了，期待你能實現！」這樣的鼓勵將有助於拉近彼此的距離，加深心靈上的連結。

Tips

66

一起做事時，不需表現得太刻意

如果在商務場合，建議大家一起用餐，既能放鬆，交談也容易變熱絡。

透過分享共同的經驗，可以深入了解對方的個性、價值觀和喜好，自然地加強彼此的聯繫。

一起從事某項活動，最容易促進彼此的溝通。例如，一起玩遊戲或運動時，會自然而然地討論規則與策略。像是「接下來要採用什麼樣的策略」，這樣的一句話，就有機會引發眾人討論，紛紛提出意見和想法。透過遊戲或運動，共享勝利的喜悅、失敗的不甘，或是讚美對方的表現，都能增進彼此的感情。

如果一起看電影，電影結束後可以聊聊內容和劇中人物，比如「你覺得那個結局怎麼樣」或「你最喜歡哪一幕」之類，分享感想不僅能進一步回味電影，也能從中了解對方的個性與價值觀。

在商務場合，與同事或客戶一起用餐，會比在會議室裡開會更能輕鬆交談。用餐期間，可以簡單分享對餐點口味或店內氣氛的感想，放鬆地自然帶到工作話題。「這道菜用的香辛料比較獨特，有合你口味嗎？」「你喜歡甜食嗎？」「你平時喝酒嗎？」等等，透過這些互動，也能了解對方的喜好。

一起做事時，不需要刻意尋找話題。那段體驗以及從中衍生出的各種相關事物或情境，就已充滿許多話題。不妨好好利用這些話題，享受輕鬆愉快的對話吧！

Tips

67

回饋意見時，從肯定對方開始

回饋意見時，原則上從「肯定」語句開始，並在不傷害對方感受的前提下，以有建設性的方式提出改進建議。

主動向對方徵求回饋意見，不僅能展現自己對對方的評價與信任，也能促進自我成長。

在對話中給予適當的回饋意見，可以向對方展現你的關心，以及你對他的理解程度。此外，也能提供有用的建議。

首先，**建議一開始先給予正向的回饋**。例如，對於同事提出的專案提案，先肯定對方「這個想法很新穎，很有意思」。這時，加上具體的感想，比如「資料分析得很仔細，相當具有說服力」，會讓回饋顯得更真誠，不是敷衍了事。結合具體的例子來肯定對方，可以讓對方感到寬心，從而更容易接受進一步的建言。

接下來，**在給予改進意見或建議時，重要的是提供建設性的回饋而不是批判**，並盡量用對方容易接受的方式傳達，例如「這部分如果搭配圖表來解釋，或許會更清楚」。

此外，主動向對方徵求回饋（感想或意見），也能向對方展現「你對我來說很重要」的訊息。實際上，積極尋求他人的意見，比如「你對這點有什麼看法」，往往能從中獲取有益於自我成長的啟發。

在提供改善等回饋建議時，如果覺得自己的措辭可能會比較嚴厲，別忘了事先提醒「如果我說的話聽起來不太順耳，還請多多包涵」。

Tips

68

擔任主持時，要懂得做球給對方

主持人負責做球給其他人，引導發言，雖是輔助角色，卻能展現不容忽視的存在感。

其實可以根據他人的意見，來表達自己的想法。由於是根據他人的意見發揮，通常能減輕心理上的負擔。

主持人的職責不是自己發言，而是讓對話順利進行下去。這對不擅長交談的人來說，或許會覺得有點吃力，但只要掌握訣竅，反而是個輕輕鬆鬆就能參與談論的「吃香角色」。比如「關於這部分，東先生有什麼看法嗎？」利用提問的方式，自然地把話題拋給在場人士，引導他們闡述自己的想法和意見。

好比在會議中，主持人可以接著與會者的發言提問：「對於這個想法，各位有其他意見嗎？」讓在場每個人都有機會發言。透過這種方式統整談話流程，營造一個人人都能參與的環境，不需要說太多話，就能充分展現存在感。聆聽他人說話時，透過應答、點頭或臉部表情等做出正向回應，可以讓對方覺得說話更自在。

當然，若能適時穿插自己的意見會更好。由於只要根據他人的意見發揮，提出同意或不同意的觀點即可，因此內心的負擔會比較輕。實在想不出什麼意見或看法時，可以透過總結或確認眾人的意見來參與討論。**為大家服務的主持人，通常很容易獲得眾人的信任。**從中獲取的自信，將逐漸轉化為你對自己談話技巧的信心。

Tips

69

上台報告時，透過觀眾的反應來調整內容

比起「發言」，應該多觀察聽眾的反應。

大多數人不擅長上台報告的原因，通常是因為太過於關注自己。將注意力放在聽眾身上，有助於緩解緊張和焦慮。

「我真的很不擅長上台報告。」要克服這種症狀，有一個很有效的方法，那就是你必須先承認對自我的過分關注，然後將注意力從「自己」轉移到「聽眾」身上。

首先，開始報告時，不妨先拋出一些能引起聽眾興趣或注意的問題，例如「大家是否有過某某經驗」，或是「大家對某某有什麼樣的印象」之類。透過提問，將聽眾帶入報告的情境，讓他們認為自己也參與其中，更容易產生興趣。

接著，在報告時，密切觀察聽眾的反應，並據此適度調整內容。例如，假設你發現有聽眾露出疑惑的表情，不妨靈活應對，進一步詳細說明該部分內容。此外，在報告過程中，適時向聽眾確認或鼓勵他們提問，也是很有效的方法。例如：「到目前為止，有什麼不清楚的地方嗎？」或是「就以上內容，有任何問題嗎？」等等，透過互動，有助於讓聽眾更積極參與，避免產生「講者自嗨」，自顧自發表的情況。

當講者將原本聚焦在自己身上的注意力轉移到聽眾身上，有助於減緩緊張情緒，大幅減輕心理負擔。只要體驗過這個驚人效果，相信任何人都會愛上這種「以聽眾為重」的演講方式。這不僅是演講技巧，更是一種可以應用在日常對話中的重要技能。

Tips

70

演講時，準備三到五個核心論點

千萬不要死背演講稿，因為一緊張或焦慮就很容易遺忘。只要事先設定「三到五個核心論點」，就不容易迷失方向。

多做意象訓練，在腦海中植入成功的體驗。聽眾不是你的敵人，而是溫暖守護你的支持者。

「準備三到五個核心論點」是一種相當有效的演講策略。如果只是死背演講稿，正式演講時，可能會因為緊張或焦慮而「忘詞」，因此建議設定三到五個主要論點，也就是演講的「核心」。以這些核心作為指引，就能避免離題或腦中一片空白。以下是題目為「改變我的人生」演講的範例。

❶過去不注重健康，生活習慣很糟。【自我放縱】

❷養成「早起＋散步」的習慣。【轉捩點】

❸改進生活習慣後，身心變得更健康。【變化】

切記一點。**演講時，台下聽眾不是你的敵人，而是溫暖守護你的支持者。**開始說話前先深呼吸，將注意力集中在第一個重點上。隨著你緩慢且清晰的導引，聽眾會被你的話深深吸引。

準備演講時，意象訓練是不可或缺的步驟。想像聽眾面帶微笑地看著你，認真聆聽演講，點頭示意。演講結束後，迎來熱烈的鼓掌。正式上場前，請多在意象中反覆體驗這種愉悅的成就感。事先將成功的場景刻劃在腦海中，正式演講時，你一定會更有自信，暢所欲言。

Tips

71

主動攀談，才能增加自信

最重要的關鍵是全心全意「相信人」。每一次主動開口，都會增強你對交談的自信。

多主動與各式各樣的人交談，提升「對話免疫力」，自然能開始享受交談的樂趣。

「我不相信人。」這個想法有時會讓人對交談產生恐懼。因為不相信他人，所以會不自覺地認為「別人（當然）也不會相信自己」。對此，「主動與陌生人攀談」是一個對症下藥且很有效的方法。

重要的是，在開口說話時，要全心全意地相信對方。「不好意思，請問你知道某某車站怎麼走嗎？」以這樣的方式詢問，對方通常都會無比親切地回應。當你多一點主動，多一點信任，內心對人的不信任就會逐漸減少。

例如在某間提供高品質咖啡的店家，如果坐在吧檯前，不妨鼓起勇氣問問身旁的客人：「您喝的是哪一種咖啡豆？」在公園散步時，也可以試著向正在欣賞櫻花的路人搭話：「這裡的櫻花開得真的很美。」你愈放鬆，對方的回應也會愈和善。即使只聊了一兩句，也不需要太在意。最重要的是，你願意信任對方，採取行動，主動開口攀談。

享受對話的第一步，是「信任眼前的人」。不要害怕與人建立關係，帶著愛，積極地與人互動，你會發現自己對交談愈來愈有信心。別擔心，縱使沒有得到熱烈回應，只需笑笑地說聲「我先失陪」，從容地離開就好。多與各式各樣的人交談，自然也會提升「對話免疫力」。

Tips

72

別人對我好時，不要一直想「立刻回禮」

拋開「等價交換」的刻板思維，就能瞬間得到解脫。君子報恩可等待「未來」或「必要時」，也不嫌晚。

「自在地接受」別人的善意，可以自然提升自我肯定感。

「別人對我好，我一定要立刻回報！」這種等價交換的觀念，往往會成為人際關係上的負擔。我以前也時常糾結在這個觀念。有一次我和朋友吃飯，對方搶先結了帳。我當時心想「得趕緊還給人家」，著急地脫口說出「下次換我請客」，卻沒有意識到這句話的反面意思其實是「我不想欠你人情」。當時的我還未能體悟到坦然接受他人的好意，對對方來說其實是最令人開心的一件事。

現在，我不會立刻發表「回禮宣言」，之後也會看情況和心情決定下次是否要回禮，因為付錢並不是表達感激或善意的唯一方法。

在工作場合也一樣。假設同事幫你製作資料，這時，不需要急著「馬上回禮」，只需好好表達感謝，未來在對方需要時，適時伸出援手即可。**最重要的是雙方自然的互助，而不是出於義務。**

此外，「覺得一定要馬上回禮」這個想法的背後，往往隱藏著「自我評價過低」的問題，認為如果沒有立即回禮，會被對方討厭。但別擔心。對方的善意完全是出於自願，你只需開心地接受對方的好意。「欣然接受」旁人的善意，久而久之，也會自然提升對自我的肯定。

Tips

73

與不同世代的人交談，多聆聽是重點

無論是年長者還是年輕人，跨世代的對話是充滿智慧的寶庫。

高高在上的姿態，百害而無一利。讓我們帶著敬意，與各世代多多交流。

與不同世代的人交談，不僅能提升對話能力，還會帶來許多助益。例如，與年輕一輩交談，可以學習當下的流行趨勢和科技；與長輩交談，則能從他們豐富的經驗中汲取為人的本質。他們總是能提供人生的經驗，以及超越時代的智慧。

重要的是抱持「年齡不是重點」的心態，誠摯對待每個人。例如，與年輕世代交談時，用心聆聽他們的意見和想法。在這個日新月異的時代裡，年輕世代的感受性和適應力，都是值得我們學習的地方。即使他們的意見與自己截然不同，透過接納，我們也能與時俱進，更新新知與價值觀。

同樣地，在與長輩對話時，要尊重他們豐富的經驗，用心聆聽他們分享的憶當年。從他們經歷的酸甜苦辣中，一定可以得到許多得以應用在現代生活的智慧和啟發。

由此可知，與不同世代對話，意義遠超過社交的價值。不論對方屬於哪個世代，重點在於不刻意彰顯自己。若是擺出高高在上的姿態，根本荒謬至極，這樣做只會拉低你的品格與修養。只要不忘尊重，與不同世代的人交談時，一定會為你帶來各種刺激和啟發。

Tips

74

拜訪恩師或貴人時，對話要懂感恩

分享從所學中得到的具體成果，以及「自己的成長經歷與感恩的心」。

報告近況時，不忘提及恩師對自己的影響。

再次與恩師或貴人見面時，盡量多分享以下四個重點：

❶發揮從所學中得到的成果。分享具體的成就時，別忘提及從對方身上學到的重點。例如：「我原本很不擅長上台做簡報，但承蒙老師指導，現在做得還不錯，前陣子才幫公司完成了一項大型專案。」

❷成長與成就。懷著感恩的心，分享個人的成長與成功，例如：「感謝森女士的建議，我才能在短短一年內晉升到小組長。幸好那時有去找您商量，我才有今天。」

❸分享近況。簡單分享自己的近況，以及這之中受到貴人或恩師哪些影響。例如：「上個月我到新公司上班。之前跟田中先生學的某某技術，在那裡派上很大的用場。」相信對方聽了不僅會感到欣慰，也能放下心中的大石。

❹表達感恩的心。告別時，再次誠摯地表達心中感恩之意。例如：「我一直很想向您道謝，很高興今天有機會見面。我一定會謹記老師的教誨，繼續努力。」透過對未來正向的期許，來傳達感激的心意。

如此，在個人的具體概況與成長歷程分享中，融入感恩的隻字片語，會讓你與恩師或貴人的重聚時光變得更有意義。

Tips

75

和伴侶對話時，從小事開始聊

不妨先從「今日雜談」開始聊起。光是找人說話，就能大幅減輕壓力，放鬆身心。

除了面對面交談，多利用「聊天對話」建立更深厚的情感聯繫。

通常只要有人願意聽自己說話，心情就會舒暢許多。特別是情人或夫妻等伴侶間的交談，更能增進彼此的感情，有效舒緩日常壓力。**不擅長聊天的人，不妨先從今天發生的事開始說起。**

例如，試著坦率表達當天的情況或感受，比如「今天在工作上不小心犯了某個失誤」。這樣一來，自己也能整理當天發生的事，你會覺得身心都輕鬆許多。對方一句慰問「真是辛苦你了」，或是關心地提問「那你是怎麼解決的？」有時也會幫助你減輕內心的壓力。

當然，傾聽伴侶的心聲也很重要。在對方說話時，適時附和回應，能讓對方感受到你的關心，加深對你的信任。這種對話沒有特定的目的，只是透過聊天分享心情，藉此增進彼此的了解與信任。

除此以外，我還想推薦手機的聊天功能。例如，在午餐時傳送一則附有照片的訊息，像是「這碗拉麵超好吃！」就能和對方分享當下的瞬間與心情。即時接收伴侶在日常中的生活點滴，既可維持深厚的感情，也能從中得到安全感。向對方吐苦水，也是伴侶關係中的特權。和伴侶說話或用聊天功能閒聊，可說是立即見效的情緒穩定劑。

Tips

76

分享
自己的故事，
真誠最重要

說話真誠，自然會流露出「真實的自己」，也更容易引起他人的共鳴。

如果仔細觀察，人生就是一個故事寶庫。「事實＋感想」，就可吸引別人的注意力。

當有人提議「說說自己的事」，你或許會想「我根本沒什麼可與人分享的故事」。但實際上，生活中處處充滿著故事。**當你的內心感到觸動，出現驚訝、感動、焦慮、失敗、歡樂等情緒時，這些無不是故事的素材。**

工作或日常生活中發生的事情，也可以說是故事的寶庫。例如在上下班途中偶然發現的奇特景象，享用美食的體驗或是拜訪客戶時犯下的失誤等。在社群上無意中看到一則感人故事，也可以直接轉發分享。

除了事情的來龍去脈，加上自己的感受和從中學到的教訓，會讓故事變得更活靈活現，例如：「昨天我在路上發現一隻貌似走失的小狗，完全不知道該怎麼處理……，等了半小時，主人終於出現，我才鬆了一口氣！」加入個人的情感，更容易讓聽眾沉浸在你的故事中。

不需要刻意說好故事。**就個人故事來說，「發生的事情（事實）＋自己的感受」這種簡單的架構最受歡迎。**例如：「發現一隻小狗（事實）＋不知道該如何處理（感受）」，接著「找到狗的主人（事實）＋鬆了一口氣（感受）」，如此循環下去。重要的是，盡可能簡潔且誠實地分享自己的經驗和感受。當故事愈能散發出一個人獨特的個性，就愈容易引起人們的共鳴。

Tips

77

善用社交寒暄，以維持人際關係

社交寒暄有助於建立人際關係，但要避免做出任何收關「承諾」或「行動」的表示。

「保護自己」並「貢獻真心」，在兩者間取得平衡，是善用社交寒暄的最大竅門。

社交寒暄有時對建立人際關係有相當大的助益。例如，對初次見面的人主動問候「很高興認識你」，或是發現同事換髮型時稱讚一句「真好看」，都會讓對方感到開心，且有助於維持良好關係。

但另一方面，**建議避免過分客套或帶有「需要付諸行動」的暗示**。例如，實際上沒有參加的打算，卻說「我很期待這次的活動」，或是明明不想去，卻說「下次也請帶我去」，這樣很可能是在自掘墳墓。

在這種情況下，建議用不帶承諾或行動的方式來表達，比如「祝活動圓滿成功」或「聽起來會是個很棒的活動」。這些表達方式既可避免做出具體承諾，又能顧及對方的立場和感受。

別忘了，社交寒暄不僅是拉近距離的機會，也是保護自己的「防護罩」。

❶不說「需要付諸行動」的客套話。【自我保護】

❷與人寒暄時，付出你的誠心誠意。【貢獻真心】

時時留意在❶與❷之間取得平衡，是善用社交寒暄的最大竅門。

Tips

78

對話要用「加法」而不是「減法」

「（我）應該」或
「（我）必須」其實都是容易誘發自我否定的危險想法。

在對話中，停止採用「扣分法」，改用「加分法」。專注在「自己做到的事」，可以增加談話時的自信。

當一個人有太過強烈的意識，認為「（我）應該要怎麼樣」或「（我）必須如此這般」，會讓交談變成一樁苦差事。像是「我得好好說話」、「我得說些有趣的事」、「不能讓別人覺得我很無趣」、「得設法讓對方喜歡我」等，如果滿腦子都是這些念頭，很難做「真正的自己」。

「應該」這句話，其實是對自我的束縛，也可說是一種「強迫觀念」。例如，與人交談時，有些人會意志堅決地堅持「我一定要說些得體周到的話」，如果結果不如預期，自我評分時就會幫自己打二、三十分的低分。這種一味用扣分的方式，只專注在自己「做不到的事情」上，就好像拿刀對準自己，不斷否定自己。如果過度沉浸在自我否定中，心理健康很可能出問題。

如果真的想給自己打分數，建議停止使用「扣分法」，改用「加分法」。例如「我說得比預期中要好」、「說了些得體的話」或是「說話時沒有平時那麼緊張」等等，將焦點放在「做到的事」，而不是「沒做到的事」。唯有移除「（我）應該」或「（我）必須」的枷鎖，人才會開始真正綻放「自我本色」。利用加分法，認識自己在對話中的「優點」、「魅力」和「成長」，相信你在交談時也會愈來愈有自信。

Tips

79

線上會議，時間是關鍵

發言時，先稍作停頓再開始。記得隨時觀察聽眾的反應。

自己在發言時，應遵守一定規則來決定發言的時間長短。

線上會議時，掌握時機是非常重要的關鍵。首先，發言時，先稍作停頓後再開始。由於網路會產生些微的延遲，這個小小的「停頓」，可以避免和與會者同時說話的情況。例如，當你覺得對方說完時，不妨稍微等個一拍，再表達自己的意見。

其次，在說話時，記得留意對方的表情和反應。這些反應或許隱藏著「你的話太冗長」、「聽不懂」或「聽不清楚聲音」等訊號。如果對方出現一些不尋常的表情或動作，不妨暫停發言，詢問對方是否有話想說。

適時結束自己的談話也很重要。如果你一直滔滔不絕，其他人就失去發言的機會。不妨根據會議的整體時間和參加人數來制定規則。例如，假設五人參加會議，可事先說好「每人每次最多發言兩分鐘」。

為了遵守規定的時間，建議事先簡單扼要地統整自己的意見，在發表時，將內容濃縮成二到三個要點，會更容易掌握發言的時間。**掌握發言時機、觀察對方的反應，以及管理發言時間，這三點是讓線上會議順利進行的重要關鍵。**

Tips

80

以文字溝通時，要善用緩衝句

多學些「緩衝句」，視場合靈活運用。

有意識地多用「緩衝句」緩頰，表現自己的體貼，有助於柔和你在他人心中的印象。

在電子郵件或聊天軟體中，善用「緩衝句」是與對方愉快交流的重要關鍵。例如，假設你想透過電子郵件詢問專案進度，比起「進度怎麼樣了？」這種帶有高高在上口吻的語句，改用較為平易近人的表達方式，比如「麻煩提供一份進度報告，謝謝」，給人的印象會比較柔和。

此外，在請求他人協助時，加上一句「在百忙之中打擾了」，可以展現你顧慮且在意對方的感受。在整體氣氛相對輕鬆的聊天軟體上，也是相同的原則。例如，請同事協助工作時，與其用命令句傳達「請幫我準備某某資料」，改用更委婉的「請問」句型，像是「請問，可以麻煩您幫我準備某某資料嗎？」會顯得更敬重有禮。

在電子郵件或聊天軟體中，「緩衝句」非常實用。**所謂的緩衝句，是在提出請求、問題、委託、主張、反駁、指正、道歉等情況下，用來表現體貼，緩和氣氛的「開場白」**。多增加一些緩衝句，例如「很抱歉造成你的不便」、「非常抱歉」、「抱歉造成你的困擾」、「有一事想冒昧請求」、「不好意思給你添麻煩了」、「雖然有些難以啟齒」、「很遺憾的是」等等。透過緩衝句，可以讓你更有自信地以文字與人溝通。

Tips

81

在社群中要「展現自我」

網路發文的三大推薦主題：❶愛好、❷專長、❸感動。對於網友善意的留言，請用最真實的自我來回應。

在社群中練習表達「真實自我」，可以提升自己在面對面交談時的信心。

對不擅長交談的人來說，社群網路是一座練習表達自我，習慣「做自己」的大型練習場。持續在社群上坦率展現自己真實的一面，不僅會加深對自我的了解，也有助於在面對面交談中更有自信。

若能注意以下三個重點，相信你的文章會更貼近真實的自己。

❶自己的愛好。不妨分享你熱愛的書籍、電影、動畫或興趣喜好，從中得到的感想與心得。例如，談論最喜歡的歌曲，或許就有機會與同樣熱愛音樂的同好交流。

❷自己的專長。不妨用自己的專長來回饋你的追蹤者。例如，假設你很擅長做菜，分享自己的食譜或烹飪過程，可以幫助到其他人。把專長當武器，展現厲害的一面，也更容易產生自信。

❸喜悅和感動。喜悅、感動與感謝等內容，都是非常適合發文的素材。例如散步時偶遇的美麗風景、電影中感人的一幕等等，分享日常生活中微小的「感動時刻」，不僅能提升自己的感性，也更容易觸動追蹤者情感上的共鳴。

在你的貼文下方留下善意回應的人，就相當於你的粉絲和支持者。用最真實、率真的態度回覆留言，自然也會提升你的交談技巧。

Tips

82

在社群按讚，也是在肯定自己

認同他人，其實也是在認同自己。幫他人按讚同時，自己的情感也會逐漸得到撫慰。

如果你想再向前邁進一步，不妨試著對自己不欣賞的人按「讚」。神奇的是，你會發現心中的疙瘩逐漸消失。

在社群按讚，不僅僅是「認同他人的文章」。**實際上，「按讚」的同時也在肯定和治癒自己的情緒**。特別是不擅長交談的人，他們往往是因為心有鬱結而不敢隨意點讚。因為內心藏有負面情緒，又缺乏自信，所以無法坦然地為他人的喜悅或成功感到高興。許多人沒有意識到，不按讚的行為反而會強化內心鬱結的情感。

我的建議是，主動積極地幫別人的貼文按讚。例如，當朋友分享一則充滿幸福的私人貼文，按「讚」不僅為得到讚的人帶來好心情，更會透過由衷祝福他人的幸福，來撫平自己內心負面的情緒。

此外，積極按「讚」，也更容易得到別人正面的回應。當自己的貼文「讚數」增加時，你會感受到自己的想法和價值觀被接受，情緒得到撫慰，也更容易提升自我肯定感。對自己不怎麼欣賞的人的貼文按讚，心情也許會變得比想像中要來得輕鬆。在收到讚之前先付出讚，可說是幫自己重拾信心，更是「善用讚」的進階應用。

Tips

83

以善意留言為主，容易拓展機會

社群的留言區，非常適合當作對話的練習場合。

正面留言最為人們所喜愛，不妨多在留言中加入感謝或讚賞。

社群留言區因為不用與真人面對面，而且可以花時間慢慢琢磨文字，所以對不擅長交談的人來說，是鍛鍊對話技巧的好場地。例如，假設你是位愛狗人士，並且追蹤了一個經常發小狗照片的帳號。你如果在帳號發布的貼文底下留言「牠的表情好可愛喔！」對方可能會對你產生好感，如此一來就很容易發展出進一步的對話。

在留言時，表達感謝和讚賞也非常重要。例如，在分享食譜的貼文下留言「這個食譜簡單易懂，謝謝分享。改天實際來試試看！」不僅能讓分享者感到開心，也更容易得到回覆。

另外，向對方提問，也能加深彼此對話的交流。比如「請問哪裡可以買到食譜裡用的香料？」這種具體的問題，通常都能得到熱心的回應，有時還能進一步展開對話。**如果對方回答了你的問題，別忘了留言致謝，千萬不可毫無回應。**

留言時，內容應盡量集中在一個重點，簡短扼要，這一點很重要。留言太長，有時對方反而會不知該如何回覆。社群上的留言和面對面交談，本質上並沒有太大的差異，因此非常適合作為練習對話的場地。

Tips

84

加入社群，方便互動與交流

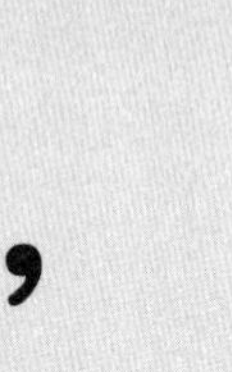

如果社群符合自己的興趣，即使不擅長聊天，也能用自己的方式享受互動與交流。

從按「讚」或簡單的留言開始，熟悉後，再試著貼文分享自己的近況。

對不擅長交談的人來說，網路社群是一個能按自己的步調，享受與人互動，加深交流的絕佳場所。**相較於現實生活，在網路世界有更多時間思考，可以悠哉、仔細地表達自己的意見。**

首先，找一個符合自己喜好或感興趣的社群。例如，如果你喜歡貓，可以加入「貓咪咖啡廳同好會」或「家貓健康管理」等社群。網路交流的第一步，不妨從按讚其他成員的貼文開始。接著，試著在貼文底下簡單留言，與對方交流。例如，假設有人分享貓咪的照片，不妨留下「好可愛！」之類的簡短回應。如果得到「謝謝喜歡！」之類的正面回覆，就能慢慢地開始一些更熱絡的交流。

等你熟悉社群的環境後，不妨試著貼文分享自己的事情，比如張貼自己愛貓的照片，詢問如何照顧貓咪等，和其他成員建立關係。

網路社群的優點是可以平心靜氣地表達自己的感受和想法，不像面對面交談那樣有壓力。如果你覺得和成員相處得還不錯，不妨鼓起勇氣，試著參加線下聚會等活動。既然是有共同興趣的夥伴，相信第一次見面也能體驗對話的樂趣。

Tips

85

透過面談，解決職場問題

面對面的交談，有助於解決職場中的問題。員工之間的溝通也會更順暢。

面對面時，還能從對方非語言的表達中獲得訊息，因此可當場化解誤會，甚至可以事先預防錯誤和問題發生。

「面對面交談」是解決職場問題最有效的方法之一。直接面談，可以加深非語言溝通及彼此的理解。以下是職場中常見的問題，和解決後可期待的優點。

❶不再「傳達不清」。見面交談，可以直接觀察對方的反應，一邊隨時調整說話的方式和內容。例如，在報告過程中，如果發現聽眾（因為內容太難）感到疑惑時，可以立刻改用更淺顯的詞彙，或另外補充說明，運用技巧幫助對方理解。

❷不再「小錯頻傳」。直接對話，可以減少語意不清或模糊定義，也更容易做具體確認。例如：「你所謂『好的設計』，有想到是哪種類型的設計嗎？」這樣可以修正彼此認知上的落差。減少對話中的誤解，有助於避免重大失誤和問題的發生。

❸不再「毫無靈感」。與人直接互動可以刺激思考，更容易產生創意。舉例來說，在腦力激盪中，大家正在熱烈討論運動的好處，這時有人或許會從其他人的想法中獲得靈感，提出新的建議，比如：「這樣一想，如果有一種服務推廣可以邊運動邊學習，藉此提升整體學習效果，好像也不錯。」

❹不再「做不了決定」。直接面對面，有助於讓討論變得更熱絡。此外，如果遇

到疑問或疑慮，也能互相立即反映，所以更容易快速取得共識。例如，所有成員聚在一起，針對專案的方向交換意見，就能當場做出決定。

❺不再「陷入問題的無限循環」。面對面交談，更容易即時發現問題點，立即提出檢討方案或應對措施。例如，假設在安全方面發現疑慮，即可當場評估風險，討論解決對策。迅速消除疑慮或問題，有助於降低在場人士的心理壓力，這點其實至關重要。

❻不再「得罪人」。面對面溝通，可以取得非語言的訊息（表情、語氣），因此更容易掌握對方的情緒。例如，或許可在冒犯對方之前有所察覺「等等，他的表情不太對，再說下去，可能會惹他不高興」。即使必須明確指出對方的錯誤，也應該仔細觀察這些非語言的反應，慎選措辭。

❼不再「做沒意義的工作」。直接對話，可以共享工作的目標和優先順序。對於比較不重要的工作，眾人可以當場一起討論其必要性，或決定能否交由其他人處理。例如，如果發現某份報告書並非絕對必要，即可當場提出刪除或簡化的建議。

❽不再「浪費時間」。召集所有成員，齊聚一堂開會或討論，減少浪費時間，提高生產效率，也能減少電子郵件與訊息的往返聯繫，降低「（不必要的）溝通成本」。此外，還能避免像是A與B共享資訊，再由B轉達C這種（沒效率的）溝通方式。

在職場解決問題的場合中，「直接溝通」其實發揮了非常大的作用。面對面談話，不僅可減少傳達失誤或不完整的問題，也有助於建立更深入的了解與信任。

Tips

86

將想法寫下來，可訓練表達力

主動投入需要用語言表達的環境，是個不錯的方法。也很推薦寫日記，會讓人更容易把心中的想法轉化為語言。

當你對自己有更深入的了解時，在對話中會變得更有自信。

如果你認為自己不擅長交談的原因出在「語言化的能力」，在此推薦一個簡單粗暴但非常有效的方法，就是將自己置身於一個必須說話的環境中。

例如，剛換新工作或加入新社群的人，或多或少都會遇見需要向周圍的人介紹自己的情況。這種「迫於現實的必要性」，會讓我們認真思考「該如何表達自己」，實際體驗到將想法轉換成語言的急迫性。**曾經轉換成語言並表達出來的內容，之後會更容易從大腦中提取出來。**透過建立「隨時都能用言語表達」的狀態，可以減少對交談的恐懼與不安，變得更有自信。

如果實在無法增加練習說話的機會，**不妨每天花幾分鐘寫日記**，因為寫日記可以用文字將每天發生的事情、想法、感受和情緒表達出來。寫日記可以幫助整理雜亂的想法和情緒，慢慢地，在實際對話中我們也會更容易把話表達出來。

此外，平常多練習將下頁各項目用文字或言語表達出來，有助於加深對自我的了解，也更容易在對話中提供話題，學習使用適當詞彙。

能更了解自己的語言素材

我的優缺點	我的好惡	我的擅長與不擅長	我想做與不想做的事	我的興趣
我的習慣（思考習慣、說話習慣、行為習慣）	我的想法	我的心情	我的感覺（包含五感）	我的堅持
我容易投入的事物	一直以來持續在做的事	熱衷投入的事物（最近的和過去的）	我常被稱讚的部分	我的理想生活與工作型態
能避則避的壓力類型	我的價值觀（自我內在的常識）	對某人（某事）心存感激	我的自卑情結	我的使命和願景
我能對誰（或事物）做出什麼貢獻	喜歡的電影、小說、音樂等	我的煩惱與課題	內心的焦慮和不滿	我的經歷與成就
過去的失敗與辛勞經驗	過去的成功經驗	座右銘	最近的發現或體悟	我的目標和夢想

我並不想宣導「會話就是要多講」這種過於簡化的說法，但可以肯定的是，增加口頭表達的機會，可以讓我們在對話時更容易說出合適的詞彙。

如果長期處於相同環境，鮮少認識新朋友，或每天過著一成不變的生活，表達能力可能會在不知不覺中退化。有自覺的人，建議積極增加表達的機會。

Tips

87

透過對話，維護心理健康

與人交談，還有另一個意想不到的優點，就是整合自己身心，不再感到孤單，增強幸福感，同時也很適合用來釋放壓力。

除了傳達訊息，「面對面交談」其實有許多好處，建議多了解其他優點。

與人交談，還有另一個意想不到的優點，就是整理身心，不再感到孤單，增強幸福感，同時也很適合用來釋放壓力。除了傳達訊息，「面對面交談」其實有許多好處，建議多了解其他優點。

對話帶給我們的好處，並不僅止於溝通而已。適度地與人談話，可以維護心理健康，減輕壓力。交談時，建議多留意以下幾點，才能盡情享受對話帶來的優點。

❶不再「感覺不自在」。不自在的感受大多是缺乏溝通所造成。包括閒聊在內，光是設法增加對話次數，就有助於讓彼此不自在的感受逐漸消失。而且，透過對話發現更多的共通點，比如：「你喜歡動畫嗎？我也是！」彼此相處也會更自在融洽。

❷不再「累積壓力」。如果壓抑煩惱、不安、不滿等情緒，這些情緒很可能會在體內轉化成「毒素」。相反地，若能找人一吐為快，可以一掃內心苦悶，效果驚人。比如「可以跟你聊聊今天的會議嗎？有些事我想跟你說」，坦率地表達自己的感受和想法，有助於整理思緒，避免壓力的累積。

❸不再「遭人誤解」。面對面談話，如果有誤解，可以當場釐清。例如，假設你

在工作時要求對方「麻煩你最遲在這週以前提交資料」，對方回覆「那我下週一放你桌上可以嗎？」這時，你就能立即更正「不，請在星期五下午五點前給我」。當然，如果自己理解有誤，對方也會立即指正。能夠及早澄清誤解，可說是面對面交談的一大優點。

❹擺脫「人際關係問題」。如果不小心在對話中讓對方不高興，可以立刻澄清「抱歉我不是那個意思，我想說的是〇〇」，迅速調整敘述的方式。在面對面的談話中，可以觀察對方的反應，隨機應變，及時消除一些小誤會或不愉快，最終就能減少人際關係上的問題。

❺「快樂」加倍。在網路上，最多只能和別人分享共同嗜好或興趣，比如「聽說某某導演的最新作品下個月就要上映了」。（如果和對方聊得來）不妨進一步邀請對方「要不要一起去看」，就能共度更深刻、豐富且愉快的時光。

❻享受催產素的療癒。與人接觸時，大腦會分泌一種名為「催產素」的幸福物質。與人舒適緊密的關係，會促進催產素自然分泌，讓人感到療癒、放鬆。透過一次次面對面的交談，加深彼此間的聯繫，可以舒緩心理壓力，變得更健康，幸

福感也隨之提升。

❼透過感謝的波動，調和關係。聲音是一種「波動」。與人會面交談時，身體也會接收到對方說話時的波動。「謝謝你一直以來的幫助。有你在身邊，讓人備感安心。」開口致謝，除了「言語」上的意義，同時也傳達了充滿正向的感謝之情。愈能當面表達謝意的人，通常愈容易得到對方的喜愛與好感。

❽不再感到孤獨。常與自己喜歡的人見面交流，就像擁有一個專屬的「個人天地」。孤獨蠶食人心的傷害之大，超乎你我想像。多與喜歡的人見面聊天，可以為生活增添色彩與活力。「見面交談」，是對抗孤獨最有效的良方。

如此細細數來，可以發現，與人見面說話，其實是一種對心理健康的照護。重要的是在尊重對方的同時，好好表達「自我」。首先，多找些機會，和自己喜歡的人見面吧！

Tips

88

透過對話，促進自我成長

我們可以透過與人交談不斷成長，這點也不容忽視。對話可以鍛鍊出許多能力。

對話也是開啟人生無限可能的武器。

面對面的交談，可以幫助我們培養許多不同的能力。接下來，我將介紹如何透過對話成長，以及從中可以培養哪些能力。

❶提升「傳達力」。面對面交談，可以訓練我們如何將自己的想法和情感傳達給對方。例如，當你和別人分享自己喜歡的戲劇時，自然而然地也會學會如何淺顯表達自己的意見和感受。

❷提升「形成意見的能力」。與人見面交談，就會遇見各種話題，思考並形成意見的機會也會隨之增加。例如，與朋友閒聊時，如果突然被問到「最近物價上漲，你怎麼看」之類的問題，就會鍛鍊到表達意見的思考能力。與人對話，其實是一種動腦的活動。這種「腦力訓練」（即強化思考能力）的效果難以估量。

❸提升「覺察力與理解力」。與人交談可以培養覺察的能力，從對方的言語和非語言（如表情、語氣等）等訊息中，察覺對方的意圖、背景以及真實想法。慢慢地也會磨練出讀心技能，了解對方想表達的意思和情緒，從而提升彼此溝通的效率。

❹提升「傾聽力」。面對面交談，不僅能提升表達能力，也能磨練傾聽對方說話

的能力（傾聽力）。隨著傾聽力的提升，除了更容易獲得對方的信任，也會提高自己的理解力，並慢慢懂得顧及對方的感受，用最合適的措辭回應。

❺磨練「邏輯思維」。可以不斷訓練自己如何淺顯易懂地向眼前的人說明自己的想法，培養有效整理腦中資訊、想法和情緒，且有邏輯地（條理清晰地）表達意見的能力。

❻提升「詞彙力」。透過對話中的「傳接球」，我們可以學到新的詞彙。不過，要真正學會一個新詞，必須先查清楚（和理解）它的意思，並試著實際運用。將詞彙輸入大腦後，要盡快輸出（說和寫）。這是提升詞彙力的不二法門。

❼提升「掌握平衡的能力」。在與對方交談的過程中，可以學習如何在人際關係中取得平衡。慢慢地，你不僅能在對話中感受到「何時該發言、何時該保持沉默」，在多人交談的場合，也能掌握整體平衡的概況，比如「誰說了多少話」、「話題是否受到侷限」等。

❽提升「自我揭露的能力」。增加公開談論自己的機會，你會逐漸培養出向他人表達自己內在的勇氣。因為你會發現，愈是分享自己的經驗和感受，愈能與他

人建立信任關係。

❾取得「優質資訊」。面對面交談，可以獲得不同於書籍或網路的資訊。此外，吸收不同視角的資訊和知識，還能拓展人生的視野與格局，也更容易加深自己的涵養。

❿取得「靈活的人脈」。在現實中的交流，更容易與不同領域的人建立聯繫。面對面的交談容易提升信任感，因此也更容易促成引薦。例如，在面對面的場合，有很多機會聽到以下這段話：「我記得你好像在找精通節稅的會計師。我剛好認識一位，可以幫你介紹。」

⓫取得「工作成果」。與同事或主管面對面交談，可以加深彼此的關係，提升團隊效率。例如，在午餐時間邊吃邊閒聊，有助於大幅增進彼此的信任。此外，閒聊中包羅萬象的話題，有時還能激發工作上的靈感。就結果而論，其實也有助於工作上的成果。

⓬「合作者與支持者」不斷增加。隨著你在面對面的交談中逐漸敞開心扉，你會發現愈來愈多人支持你的目標和夢想，比如：「如果你真的要辦之前說的交流

會，我願意以工作人員的身分參加。」許多事單靠一己之力難以達成，但借助夥伴的力量，往往更容易實現。

⓭更了解「我是誰」。在向他人表達自己的想法和價值觀的過程中，會加深對自我的理解。透過與他人的對話，我們會慢慢清楚知道自己重視什麼，對什麼充滿熱情。此外，他人就像自己的一面「鏡子」。當你笑的時候，通常對方也會跟著笑。透過他人，我們可以認識到「現在的自己」。

⓮感受「心靈相通」。透過語言和非語言的交流，容易產生共鳴，加深彼此的聯繫。例如，與他人互相分享煩惱，一同尋求解決之道，可以感受到彼此「心連心」。當彼此心靈相通時，大腦會分泌幸福物質「催產素」。

⓯三人行，必有我「師」。在與形形色色人物交談的過程中，你會遇見充滿魅力的人。當你遇見令人欽佩，渴望自己「也能成為像他那樣的人」時，不妨將其視為自己的「導師」。在面對面的交談過程中，觀察並學習對方的用字遣詞、表情、服裝、手勢、行為舉止，以及他所散發出來的氣質。面對面交談充滿豐富的資訊，可以從中學到很多東西，是難以取代的獨特優勢。

⑯體會「貢獻的喜悅」。人都有「貢獻的欲望」。提供有用的建議或給予鼓勵，幫助眼前的人解決問題，會令人從中感受到助人的喜悅。不僅對方開心，自己也會感到滿足。若能在對話中懷著貢獻的精神，相信對話會變得更愉快也更有意義。

如果你不擅長交談，不妨從自己能做到的一小步開始。例如，去時常光顧的餐飲店時，試著和店員聊天，或是在工作休息時間，主動找同事閒話家常。相信這些小小的行動，會為你的人生帶來巨大的改變。

Tips

89

「不擅長交談」也許只是幻覺

也許只是大腦網絡RAS（腦幹網狀活化系統）收集了許多你「不擅長對話」的虛假資訊。

不要擅自評論自我的對話能力。試著有覺知地對大腦發出有利自己的指令。

本書的主題是「不擅長交談也無妨」，但還是有方法可以消除這種不擅長的感覺。人的大腦有一套功能，稱作RAS（腦幹網狀活化系統）。RAS是一種過濾功能，會無意識且積極地收集個體感到好奇且關心的資訊，並過濾掉不相關的訊息。

認為「聊天很痛苦」、「我不擅長聊天」的人，其實平時就像是在收集這類證據來佐證這個形象。於是那些「痛苦的證據」或「不擅長的證據」自然就會不斷累積，使得不擅長聊天的感受愈來愈強烈。

另一方面，那些認為「與人交談很有趣」或「我很會聊天」的人，通常會收集這類證據（資訊）來支持這個形象。於是，他們就只會累積「交談很有趣的證據」和「自己很會聊天的證據」。在這種情況下，他們自然不會對交談產生不擅長的感覺。

說到底，對話並沒有所謂唯一的正確答案。擅自評論對話的好壞，並為自己貼上「不擅長交談」標籤的人，其實是當事人自己。或許那是因為拿自己和別人比較，或是被過去（看似）失敗的經驗所拖累。

「有覺知」等於「對RAS發出指令」。**既然如此，何不發出對自己有利的指令，比如「與人交談很有趣」、「我很擅長交談」等。**一開始可能會覺得有點彆扭或不自在，但可以保證的是，大腦程式會緩慢但又確實地改變。

Tips

90

不擅長交談，也無損自我價值

是否會說話，與身而為人的價值一點關係都沒有。即使在談話中出錯，也絕對無損自我價值。

對話從「擁抱自己」開始，與自己約定「善待自己」。

愈害怕交談的人，愈容易因為「交談不順」而降低對自我的評價。然而，那只是你一廂情願的想法。無論是什麼對話，都絕不會降低你的價值，**你的價值與會話能力好壞毫無關聯。**

讓我們用「金錢」來打個比方。一張皺巴巴、破破爛爛的舊鈔，它的價值和新鈔是完全一樣的。這個道理也同樣可以套用在人的價值上。在談話中出現小錯誤或尷尬時刻，並不會降低你原本的價值。

我希望你能和自己做個約定，那就是**「善待自己」**。不要責怪自己，也不要感到愧疚，你並不是不擅長交談，而是對自己太過嚴苛，也許你太認真了。請給如此堅強的自己一個溫暖的擁抱。與人對話，其實是從接納真實的自己開始。

當然，讚許小小的進步，為自己歡慶也很重要。例如，能看著對方的眼睛說話，或是清楚表達自己的意見，這些都是成長的證明。但是，即使進步速度緩慢，也毫無大礙。重要的是，接受真實的自己。從你開始堅信「自己的價值不可動搖」的那一瞬間起，相信你會發現與人交談其實很愉快，輕鬆自在。

結語

真實表達自己，才能享受對話

現在，你有什麼感想呢？

想找人見面聊天？想與人互通心語？還是想做自己，輕鬆自在地享受與人對話呢？如果你有這些想法，那麼本書算是達成了目的。

真正擅長交談的人，並不是說話技巧高超或擅長傾聽，而是無論在什麼場合，面對什麼樣的人，都能「做自己」，不否定自己、不勉強、不逞強，嘗試與對方交心。說不定，你已經滿足了這個定義。

持續實踐本書倡導的觀念與方法，相信你內心深處的安全感和自信也會更堅定。不需要著急，正所謂「千里之行，始於足下」。

當你再次興起否定自己的念頭時，請重新翻閱本書。無論何時，在你最需要的時候，本書都會陪伴在你左右。

那些你認為能言善道的人，其實在某些方面也可能覺得自己不擅長交談。若能意識到這一點，你會發現每個人其實都很親切。

與其透過「努力」來鍛鍊對話能力，透過「接納自己」所培養出來的對話能力，要來得更強大，更具有個人魅力，也更令人愉悅無比。

當你感到沮喪時，請輕聲告訴自己：「不擅長交談也沒關係。」這句話就像一道護身符，提醒你「做自己」。

感謝大和書房的中山淳也先生，在我規劃和撰寫本書時大力協助。此外，感謝內人朋子和小女桃果，是她們教會我談話的樂趣。

還有，謝謝此時此刻正在閱讀本書的你。當你願意以最真實的自己享受對話時，相信對方也會敞開心胸與你交流。還請細細品味心靈相通的喜悅。

二〇二四年三月　山口拓朗

GOLDEN BRAIN

社交I人也能自在說話

保持原本的個性就好，終結尬聊的90個技巧

2025年5月初版　　定價：新臺幣360元

著者	山口拓朗
譯者	林姿呈
插圖	荒井雅美
副總編輯	陳永芬
校對	陳佩伶
內文排版	綠貝殼
封面設計	FE設計工作室

出版者	聯經出版事業股份有限公司
地址	新北市汐止區大同路一段369號1樓
叢書主編電話	(02)86925588轉5306
台北聯經書房	台北市新生南路三段94號
電話	(02)23620308
郵政劃撥帳戶第	0100559-3號
郵撥電話	(02)23620308
印刷者	文聯彩色製版印刷有限公司
總經銷	聯合發行股份有限公司
發行所	新北市新店區寶橋路235巷6弄6號2樓
電話	(02)29178022

編務總監	陳逸華
副總經理	王聰威
總經理	陳芝宇
社長	羅國俊
發行人	林載爵

行政院新聞局出版事業登記證局版臺業字第0130號

本書如有缺頁，破損，倒裝請寄回台北聯經書房更換。　ISBN 978-957-08-7657-4 (平裝)
聯經網址：www.linkingbooks.com.tw
電子信箱：linking@udngroup.com

國家圖書館出版品預行編目資料

社交I人也能自在說話：保持原本的個性就好，終結尬聊的90個技巧/山口拓朗著．林姿呈譯．初版．新北市．聯經．2025年5月．
232面．14.8×21公分（GOLDEN BRAIN）
ISBN 978-957-08-7657-4（平裝）
1.CST：說話藝術　2.CST：溝通技巧

192.32　　114004175